风云逸事

乔家二百年

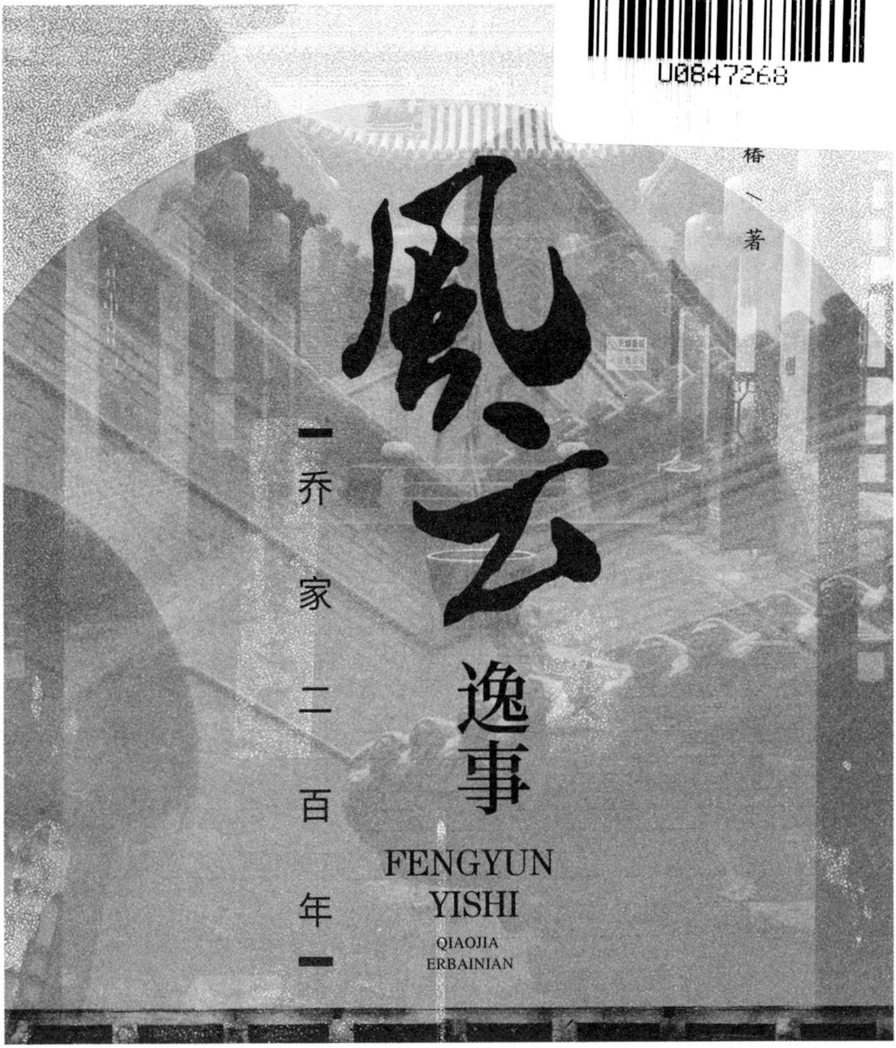

椿一 著

FENGYUN YISHI

QIAOJIA ERBAINIAN

乔家二百年·风云逸事

山西出版传媒集团　山西经济出版社

图书在版编目(CIP)数据

乔家二百年风云逸事 / 郝汝椿著. —太原：山西经济出版社, 2019.11（2025.1重印）

ISBN 978-7-5577-0585-5

Ⅰ.①乔… Ⅱ.①郝… Ⅲ.①晋商–史料 Ⅳ.①F729

中国版本图书馆CIP数据核字(2019)第256290号

乔家二百年风云逸事

著　　者：郝汝椿
选题策划：董利斌
责任编辑：郭正卿
封面设计：阎宏睿

出 版 者：山西出版传媒集团·山西经济出版社
地　　址：太原市建设南路21号
邮　　编：030012
电　　话：0351-4922133（市场部）
　　　　　0351-4922085（总编室）
E－mail：scb@sxjjcb.com（市场部）
　　　　　zbs@sxjjcb.com（总编室）

经 销 者：山西出版传媒集团·山西经济出版社
承 印 者：山西出版传媒集团·山西人民印刷有限责任公司
开　　本：880mm×1230mm　1/32
印　　张：5.75
字　　数：96千字
印　　数：18001-22000册
版　　次：2019年11月　第1版
印　　次：2025年1月　第5次印刷
书　　号：ISBN 978-7-5577-0585-5
定　　价：23.00元

内容提要

　　山西祁县的乔家大院，以其恢宏的气势、巨大的规模、匠心独运的结构和精美的砖雕木刻艺术而成为中国清代北方民居建筑的瑰宝。由于这里曾是《大红灯笼高高挂》《昌晋源票号》等二十余部影视剧拍摄的外景地，因而更加引人瞩目。森严的府邸究竟发生过什么故事呢？打开这本书，让我们走进神秘而充满魅力的乔家大院，一同领略那些生动而耐人寻味的乔家的传说故事……

前　言

　　有清一代，商业极盛，以晋商、徽商、潮商（广东潮州）三家为著名。而其中尤以晋商为最，号称清政府的"金库"，翻云覆雨，左右着清朝天下的金融市场。晋商的中坚核心力量乃是祁县、太谷、平遥的商人集团，而祁县乔家又是其中的佼佼者，诚可谓清代晋商的代表家族。

　　乔家商业自始祖乔贵发于乾隆初年出走口外在包头发迹，至1953年公私合营结束，其间有六代人苦心经营，约二百年辉煌历史，从孤儿到富翁，从口外的小商号，到纵横大半个中国的巨商，实在令后人叹为观止！

　　古人轻商，故如此显赫的商业巨族没能留下多少文字记载的资料。但虎行有风，河行有迹，从民间的口头传说中，还是流传下来不少有关乔家的故事。因缺乏文字记载，这些故事传说便显得弥足珍贵。

笔者今将这些传说搜集整理成书，不仅有意于帮助世人认识、了解乔家这样的商业巨族，更着眼于帮助世人取经得宝，以步发家致富之道，以守信义和平之德，终成民富国强之美！

目 录

孤儿乔贵发 / 1

光棍汉的生活 / 3

喜宴上受辱 / 5

单身走口外 / 8

拉骆驼走南闯北 / 11

做豆腐起家 / 13

乔、秦结义 / 16

西脑包开草料铺 / 18

买树梢得暴利 / 21

富商娶了个寡妇 / 25

买树梢栽了跟头 / 28

乔、秦的义气 / 30

一毛口袋元宝 / 33

财神爷托梦 / 36

广盛公开张 / 38

"广盛公"的来历 / 40

乔贵发有后眼 / 42

巨大的商业灾难 / 44

乔、秦两家的差异 / 47

千里驮来石头蛋 / 53

深入草原得暴利 / 56

广盛公改组复盛公 / 59

乔、秦的差距拉开了 / 64

能观天象的掌柜 / 65

瓦楞上的谷子 / 68

乔家分为三堂 / 70

创设复盛全钱庄 / 72

"亮财主"出世 / 75

重心向"在中堂"转移 / 77

"德兴堂""宁守堂"财势减弱 / 79

扩建宅院的周折 / 80

左宗棠来乔家 / 84

李鸿章赠铜板门联 / 87

亮财主求贤 / 89

亮财主不做掘地三尺的买卖 / 94

中国最大的胡麻油大战 / 99

"马狗"掌柜 / 105

马公甫身顶二股 / 109

"先有复盛公,后有包头城" / 114

乔致庸赈灾 / 116

亮财主尚俭 / 120

庚子事变,高"诸葛"先知先觉 / 122

中国第一任银行行长 / 125

森严的家规礼教 / 130

空前排场的丧事 / 132

乔映霞当家图新 / 136

"洋大少"的童子军 / 139

禁毒出了人命案 / 140

乔安安坐牢 / 142

惊人的开销 / 144

盛大的筵席 / 146

擦尖师傅 / 148

新一代的时髦阔少 / 150

在中堂分家析产 / 152

在中堂买回一辆汽车 / 156

磕一头,免了两万八的债 / 158

飞机在乔家大院上空盘旋 / 161

秦家抽去了最后一点股子 / 163

"复"字号过年 / 165

官吃商、兵克商、乱扰商 / 166

百川归海 / 168

附:在中堂世系表 / 169

后记 / 170

孤儿乔贵发

相传,乔家在乔家堡的乔氏大家族中曾是衰落的一支。至发迹始祖乔贵发的父亲乔壮威时,家道中落,人丁不旺,膝下无儿无女。乔壮威夫妇多方求神拜佛,访医寻道,才中年得了一子,便是乔贵发。夫妇二人喜不自胜,觉得后半生有了依靠,视乔贵发如掌上明珠,百般爱怜。却想不到盼星星盼月亮盼太阳盼来的儿子,却是一个命硬的主儿:克父克母!

乔贵发七岁丧父,十岁丧母,从此成了孤儿。因他家这一支人丁不旺,连个亲叔伯也没有,十来岁的乔贵发只得去东观的外祖母家生活,从此开始了他苦难的童年。

家境贫寒,父母没能留下多少财物,乔贵发在外祖母家纯粹成了负担。外祖母与他母亲十指连心,也就自然疼爱他。但外祖父就差一点,在他自家的生活也不宽裕的情况下,他实在不情愿为外姓人白养活一个后代。舅舅更差一些,舅母便一点亲也没了。乔贵发备尝寄人篱下之苦,小小年纪,不能读书,难得玩耍,而是跟着外祖父和舅舅推磨做豆腐，做杂活，自食其力。这样的处境，磨炼了乔贵发要强坚忍的性格，他练出了一副好身板儿，也学会了做豆腐的技术和做买卖的常识。这些对他日后的事业都产生了很重要的影响。

四五年后，外祖父外祖母相继去世，他所受的爱怜愈来愈少，所受的歧视却愈来愈多。有了点自立能力的乔贵发便心一横离开了外祖母家，回到乔家堡的祖屋里，自立门户，开始了孤独而又自在的生活。

光棍汉的生活

乔贵发受父母先天禀赋的影响，聪明机灵又为人忠厚；受后天磨炼，身体健壮又勤谨泼辣。他回到乔家堡后，自种自收自食，自由自在自信，几年时间，长成一个精干后生。他家地不多，又是旱地，地里的活计不够他做，身上的力气根本用不完，夏天帮人家割麦子打场，或粮食或布匹，或银子或铜钱，总能得些报酬，光景也算有吃有穿有花，活得挺自在。

可生存容易，发展就难了。男大当婚，女大当嫁，十七八岁的后生了，不能老这样混日子呀！同年仿岁的后生们在他们父母的操持下，一个个娶妻成家了，而他却无父无母甚至没个亲叔叔亲伯伯给他操持这婚姻大事。平常不觉甚，这时候他这个没依没靠的孤儿光棍和人家有大人有依靠的后生们就大不相同了。往日他和那些后生们单个儿对比，脑子顶呱呱，身子硬板板，自有几分优越得意劲儿，可今日他一个人和那些背后靠父母、家庭和财产的后生们一比，就相形见绌，自叹弗如了。人越长大越懂事，越懂事便越觉出家庭和银钱的重要,可乔贵发恰恰是:背后没有家庭可靠,手里没有银钱可使。他觉得自己似乎比别人矮了一头,从前的自信和聪明机灵不见了,他变成了一个忧郁和沉默寡言的人。

小村庄里每逢红白喜事,有互相帮忙的习惯,其中的主力军是十七八岁的后生。乔贵发刚回村里不久就加入了这个行列,热热闹闹,吃吃喝喝,他倒也乐在其中。但年龄渐大,眼巴巴地看着同龄人一个个娶了媳妇,自己却仍然是光棍一条,那是一种什么滋味!结婚成家的念头萦绕在他心头,折磨着他,也鼓励着他。

他盘算着开个豆腐坊,把学到的一点本事用上,可以多赚点钱,也好成个家。可买卖虽小也得有资本呀,他哪有那么多的本钱!他舍下脸皮去亲朋好友家告求,不仅得不到支持帮助,人家还给他个冷言冷语冷脸。自己攒钱吧,像他这样零敲碎打地挣几个钱,那得等到猴年马月?

有时候他心血来潮,忽然生出些自信来,便大胆地去和村里惯熟的姑娘谈情说爱,可最终都因家境贫寒而搁浅。偶尔遇个姑娘对他有情,可姑娘的父辈却看不上他。

挣钱无望,结婚成家也无望,乔贵发在无望中苦挨着光棍汉的日子。

喜宴上受辱

一次，乔贵发的本家侄儿结婚。他在前一天帮了一天忙，晚上心事重重，难以入睡：侄儿比他还小两岁，人家都娶媳妇成家了，自己却还是光棍一条，想到动情处，不免在枕上流下几行眼泪。本来身子就累了，再加上睡得迟，又哭了一场，一觉就睡过了头。第二天一觉醒来赶到喜宴上时，人家已经开早饭了。

他属帮忙的，本该早来。来迟了不免有些尴尬，乔贵发赶紧操起木盘准备给客人端饭菜，正好被总管看见，总管张口就骂："你甚时才来！你是来帮忙呢，还是来赶饭呢？"还当着许多本家长辈的面专门揭他的短："怪不得没人嫁给你呢！连侄儿的喜事都懒得帮忙，谁还能指望你！好吃懒做，就当你的光棍吧，谁家瞎了眼才把囡儿嫁给你呢！"

本来乔贵发就有闷气，总管这一通话气得他七窍生烟，他真想扑上去把这个专门欺负人的总管痛打一顿。可因主家出来劝说，又考虑到今天是本家侄儿的大喜日子，才把这口气咽下去。但总管不肯罢休,他把乔贵发降为烧火的下等帮佣。

乔贵发虽说是来帮忙干活的,但他是新郎的叔伯辈,也上着一份礼。吃午饭时,本来该给他安排一个体面的席位,总管却把他放在最后一桌的席口①上!乔贵发明明知道这是小看他,羞辱他,却只能咽下这口气。这一天乔贵发真是度日如年。

晚上,他回到家中放声大哭:自己怎么这么命苦呢!追昔抚今,不免感慨万分,双泪长流!幼失父母,寄人篱下,无依无靠……想做豆腐做不得,该成家成不了……本来比他小两岁的本家侄儿娶媳妇而他却成不了家,这就够委屈他了,可今天在喜宴上,又受了这么大的委屈……幸运的总归幸运,委屈的老是委屈,这难道就是老天爷的安排吗?

思来想去,乔贵发觉得在村里已没自己的活路了,真想一死了之……可转念一想,父母生自己养自己一场不容易,他单身独苗,若自己一死,岂不是把祖宗的香火断了吗?

"——不能死,应该争口气活出个人样儿来!要挣钱,要娶媳妇成家,要比别人活得更舒展,更像样儿!"发愤而后图强,乔贵发从羞辱和自卑中振作起来了,他要寻求新的生活。

注释

①席口：最末等的席位，是这一桌上菜的地方。

单身走口外

祁县大地上自古没有矿产资源可依，祁县人赖以生存的条件主要是土地。而且，平川土地少人口多，又多是旱作农业，产量有限；山区丘陵地带的土地更是贫瘠低产，因而祁县人在历史上并不富裕。但祁县资源的先天不足，倒促使了祁县人的后天勤奋。祁县境内有一条北京通往陕西、四川的官道，有些头脑灵活的祁县人就靠着这条官道所带来的便利交通和灵通消息，跑起了运输，做起了买卖。事实证明，这是祁县人摆脱贫穷的唯一出路，因此乡邻们竞相仿效，跑买卖蔚然成风。

康熙年间，随着蒙汉贸易禁令的解除，祁县人的运输和买卖向北延伸到了口外的归化城（今呼和浩特市），向南延伸到了汉口。因蒙汉贸易的巨额利润，有不少祁县人成了巨商大贾。祁县南社村人段泰就是从拉骆驼起家，在康熙年间发展为归化城一家大商号"元盛德"[①]的财东；祁县城内人张杰和祁城村人史大学则是靠做小买卖起家，在康熙年间和太谷人王相卿创设了大商号"大盛魁"[②]。这些人和事一传十，十传百，激励了更多的祁县人去口外闯荡。

对这些事，乔贵发也有耳闻。此时，他在村里看不到什么希望，便把希望寄托在了这条路上。论人，他也是条汉子，别人能干的事，他为什么不能？他便横下一条心，要去口外闯荡。他本想找个伴儿，但一想同年仿岁的大都成家了，有父母有媳妇，若和人家说，怕人家的大人媳妇冷言冷语，讨个没趣。于是，在春暖花开时，他一个人背上行李悄悄离开了乔家堡，去了贾令镇上。

当时贾令镇地居官道要冲，是南来北往的商队驼队的必经之处。因这些商队驼队中常有祁县人，乔贵发攀上点老乡关系，再加上点机灵和勤快劲儿，便随这些商队驼队去了口外。

俗话说，树移死，人挪活。乔贵发这一步走对了：出门在外，完全靠自个儿的能耐生存，在口外谋生闯荡的人潮中人人都是平等的。这不，脑子顶呱呱、身子硬板板的乔贵发又显出了自己的优势。这时已是乾隆初年，经过几十年的时间，祁县人在口外已经形成了相当大的势力，一说是祁县老乡，很容易寻个饭碗。乔贵发选择了吃大苦、耐大劳、挣大钱的活儿——拉骆驼。

注释

① "元盛德"创始人为祁县南社村人段泰，创设于康熙年间，终业于民国年间，是归化城旅蒙商的三大商号之一。

② "大盛魁"创始人为祁县人张杰、史大学和太谷人王相卿，创设于康熙年间，终业于民国年间，是归化城最大的旅蒙商，最盛时一股生意能分一万两银子的红利。

拉骆驼走南闯北

乔贵发在一家祁县人开设的旅蒙商号里拉骆驼,这是个十分艰苦劳累的营生。商家用骆驼运货物,骆驼是种能吃大苦耐大劳的牲畜,拉骆驼的人也须有这种功夫才行。当时归化城有句俗语:"世上三般没奈何,赶车下夜拉骆驼。"

当时,蒙古人轻商,自然也就没人经商,贸易的主要渠道就是汉人的旅蒙驼队,蒙古地区的商业贸易基本上掌握在这些旅蒙商人的手里。再加上交通不便,信息闭塞,因此汉蒙商品差价悬殊,其中便有巨额利润可图。大批的汉人看准了这点,不辞艰难险阻,依靠骆驼,横跨沙漠,深入草原,与蒙人进行贸易。

乔贵发作为拉骆驼的,一年四季走在路上,吃在路上,睡在路上,经常是风餐露宿。若在夏天的沙漠里遇上恶风沙暴,或在冬天的草原中遇上暴风骤雪,更得冒生命危险。他们大部分时间就在千里草原上游弋,有时也南下汉口驮运货物。南下驮上蒙人的皮张、绒毛和药材等货物,北上再驮上汉人的茶、烟、布匹、绸缎和铁器等货物。当时有一条重要的商道，北接归化城，南连汉口，由北而南途经内蒙古和林格尔，山西右玉杀虎口、宁武县、太原、祁县子洪口、武乡、沁县、潞安府，河南开封等地，这条商道基本是山西人（主要是祁县人）踏出来的。它大大地促进了南北贸易，也大大地促进了祁县人的致富进程。

乔贵发在这条商道上拉骆驼，愈往北条件愈差，沙漠草原上尤甚，他得受苦受罪受累；愈往南条件愈好，能走过许多繁华都市，却得受另外一份洋罪：经常在都市里被人当小孩子看，遭到嫌弃甚至羞辱。

乔贵发在这条商道上走了几年，走了几十个来回，吃了不少苦，受了不少罪；但也开阔了眼界，增长了见识，悟出了一些经商做买卖的道理和诀窍。久而久之，他终于得到了"商道"。

做豆腐起家

乔贵发拉了几年骆驼,眼界宽了,见识广了,便觉得拉骆驼不是长久之计。吃苦受罪他倒也不在乎,只是没甚出息。挣的钱虽说不算少,但也有限,像兔子的尾巴,纵然使劲翘起来也高不到哪里去。再看看那些老驮工的处境,身子一天不如一天,挣的钱也一天不如一天多,还落下了一身病痛——这就是凭身子吃苦挣钱的结果。凭身子挣钱是难有什么大发展的,还得凭脑子挣钱。看到这些,想到这些,乔贵发便下定决心要离开这里,走另外一条道路。

经过一番盘算,他觉得归化城尽是财大势雄的大商号,凭他这几年攒下的一点钱根本没法在这儿立足。若去小地方发展,还可派上点用场。他看准了萨拉齐。于是,他结算了自己的工钱,带上积蓄,奔萨拉齐而去。

萨拉齐位于土默特川上,土地肥沃,又有黄河水之利。自雍正皇帝号召囤疆垦荒以来,良好的自然条件和优越的税赋政策吸引了大批山西农民来这里开荒种地。经过十几年的时间,这里聚集了不少农民。这里又是归化城通往西部蒙古草原的交通要道，所以也有不少专门为旅蒙商队服务的小店铺。因草原农田化和汉人的急剧增加，清朝政府因人因地制宜，于乾隆初年在萨拉齐设厅成镇，专门管理汉民事务，客观上也对汉人起着保护的作用。所以乔贵发选择了这里。

初来乍到，乔贵发摸不准地脉，不敢轻举妄动。于是他去了一家店铺当伙计，一为混口饭吃，二为混上些熟人朋友，更大的意图则是趸摸财路，寻找发财的时机。

经过一番琢磨，他选准了做豆腐生豆芽的买卖。因为这地方气候寒冷，冬季时间长，一到冬天蔬菜奇缺，整日就是山药蛋和胡萝卜。这里盛产豆类，却没有一家生豆芽做豆腐的店！大概来这里的人不是老实巴交的农民，就是只会跑腿用脑瓜儿的买卖人，耍手艺的人少，会做豆腐生豆芽的手艺人干脆没有。

也是乔贵发命里该在这上头成事：他小时候学会了这手艺，今日来这里正巧没人会这手艺，这里又豆价便宜、蔬菜奇缺。于是他把积蓄拿出来，置上家具，买上豆子，租上房子，雇上一个人，做起了磨豆腐生豆芽的买卖。独家买卖一上市，不仅抢手，而且价格看好，利润可观！一年下来，就把他几年拉骆驼积蓄的本钱翻了几倍！

乔贵发喜出望外，他终于有了一笔不少的钱，他终于干了件赚钱的买卖；他不再是穷汉，不再是拉骆驼的，也不再是店铺的小伙计，他成了买卖人，成了掌柜的！

乔、秦结义

乔贵发做豆腐发了点小财，与周围的许多人比，也算个人上人了。但他并不满足，与归化城中那些祁县人的大商号比，他这点买卖算得了什么！再说，他从小到大，是从大苦大难中滚爬出来的，若今生不赚个大富大贵，那些大苦大难岂不是白受了！

他的买卖才刚开始，哪能停止不前，还要图大发展呢！做豆腐的成功，更使他雄心勃勃。可是俗话说，独木难成林。他想想那些已取得成功的祁县老乡，再看看眼下的现实，要想求大发展，一个人的力量实在不够，总得有个铁杆儿兄弟帮衬才能干成大事。

乔贵发看准了一个人。这个人姓秦，是徐沟县大常村人，算是半个老乡。他在一家亲戚的菜园里帮人家种菜卖菜，自乔贵发卖开豆腐以后，二人经常照面叙话。这个人勤劳朴实，为人厚道，在做买卖上也算机灵，能说会道，很有些眼色。他也不甘于一辈子伺候人，有点挣大钱的愿望。二人年龄相仿，说话投机，混得一天比一天熟。乔贵发看重他的为人处世，他更敬佩乔贵发的胆略本领。一日，乔贵发说起二人结义做买卖的事，秦某便满口应承："我早就有这心思，可怕你嫌弃，所以没敢开口。今日既然乔兄看得起我，抬举我，我还有二话可说？"

于是，乔、秦二人设案焚香，上拜天，下拜地，中拜关帝圣君，再遥拜父母，双双起誓：今日结拜，永为兄弟；有福同享，有难同当；赤心赤胆，天地可鉴；忠信忠义，共效关帝……

这时候，乔贵发做豆腐已不是独家买卖，做豆腐不是什么高难技术，又不需要太多的本钱，所以有不少人也做开了豆腐，成了乔贵发的竞争对手，打破了他独家买卖的垄断局面。乔贵发聪明过人，知道像这样靠小本生意和简单技术，很容易遇上竞争对手，因而也成不了大气候。要想成大气候，还得靠大本事和大本钱，另谋发展。

西脑包①开草料铺

乔、秦二人合计一番，决计离开萨拉齐去包头一带创业。乔贵发结束了自己的豆腐买卖，秦某也告别了亲戚的菜园，双双带上积蓄，来到了包头一带的西脑包落足。

原来，包头这儿有一条旅蒙商去西蒙古草原贸易的重要道路——昆都仑沟。这昆都仑沟是蒙古草原上大青山与乌拉山的分界线，也是一条河道，每逢下雨，大青山的水从东汇入，乌拉山的水由西汇入，然后这水再汇入黄河之中。人道往往循着河道，自古以来，由于大青山和乌拉山山势高峻，且挡了蒙古南北的交通，这条河道便成了交通要道。东边归化城的旅蒙商要路经此道，西边宁夏一带的旅蒙商也要路经此地，昆都仑口便成了一个三岔口；而且正对黄河，还有水运之便。所以随着旅蒙商的足迹，从萨拉齐到包头一带，便有了星星点点的小店铺，或供人饮食或供驼草料。因有周围垦荒种地的农民为依托，这些店铺低买高卖，利润可观。乔、秦二人就选准了这个虽然荒凉却前景光明的地方。

按说西脑包距昆都仑还有几十里的路程，他们为什么不再往西走到昆都仑口正中呢？这是因为经商做买卖除了考虑地利因素，还得考虑人的因素。根据当时清朝政府政区划分，西脑包以西属乌拉特三公旗的辖区，专门管理汉人的萨拉齐厅管不到那里。所以他们把立足点就选在西脑包这个既在萨拉齐厅的保护伞下又距昆都仑口最近的地方。

乔、秦二人以很便宜的价格，从世居这里的蒙古人巴图尔家族租用了一大片土地做菜园、盖店铺，开设了专供旅蒙商队需求的草料铺，兼做蔬菜、豆腐、豆芽生意。

当时旅蒙商队临进昆都仑口前，要带足干粮、草料。一开始从归化城带，萨拉齐有了一定农商规模以后，因靠近昆都仑口，物价便宜，这里便成了驼队添粮加草的地方，由于店铺依次从萨拉齐向昆都仑口延伸，西脑包这儿比萨拉齐更具地利优势，所以它很可能取萨拉齐而代之。乔贵发有这点眼光，也有胆量先走一步，因而他在这有发展前景的地方率先落足。一切准备妥当，便开业大吉。因为他在驼队干过，知道驼队的要求；见的世面也多，知道做买卖的一些窍门；二人合起来银子也比较充足；再加上他们的精心打理，草料铺一开张便在包头一带有了条件好、货物全、照顾客人熨帖、侍弄骆驼周到的名声。

人的名儿，树的影儿，旅蒙商队纷纷下榻这里，生意兴隆，买卖火爆。于是，别的店铺竞相仿效，从而带动了包头一带的草料铺的发展；包头一带草料店铺业的整体发展，又吸引了更多的旅蒙商队从萨拉齐转移到这里携带粮食草料。于是，包头由几个分散的居民点连成了一个村庄，常住人口也由百余人发展为上千人了。地理位置的优势引来有头脑有眼光的人，有头脑有眼光的人又把这个荒凉的草原小村庄造就为日后繁华的塞外大城。

注释

①西脑包，是形成包头村的一个居民点，位于当时萨拉齐厅管辖区的西部边缘。脑包，蒙语，意为圪堆，是蒙民把石头垒成一堆，用以祭神的地方。

买树梢①得暴利

乔贵发开设草料铺后，因善经营，有办法，比同行技高一筹，所以也赚了几年大钱。但这也和他当初在萨拉齐做豆腐起家一样，不久别人也学着他做了，若想赚超额利润，永远处于领先地位，他就得再想更高的招数。

经过几年经营，他们的草料铺也积攒了些钱。钱愈多，买卖也就愈好做，买进粮草便有了很大的机动性。粮草丰收价低时，他可以比别人更多地购进；粮草歉收价高时，他又可以比别人少购。这一多一少，便可比别人多赚些钱。乔贵发多赚这些钱后，并没有自鸣得意，反倒受到更大的启发，有了更大的想法。

原来，包头所在的土默特川，经过几十年的开发，大片草原垦为农田，粮食产量倍增。而这些农民中，携家带口落户的还不多，大批的农民往往是春来冬去，种地收粮出售，然后把卖粮得的银子带回老家。所以粮食的储存弹性不大。储存弹性小了，价格弹性就大了。再加地处北国，有风寒之害；靠近黄河，有水涝之灾；历年收成也很不稳定。这样的结果使包头每年的粮价或跌或涨，难以平稳；让农民小商人招架不住，却给了大商人可乘之机。

凡事利害相连，风险之中往往蕴含着巨额利润。一般人遇险而却步，自然与其中的巨额利润无缘。乔贵发此时已有了相当深厚的经商道行和敏锐眼光，他能预见风险，也能看到裹在风险里面的巨额利润。要把这风险排除，去抓里面的巨额利润，一要有大本钱，二要有大本事。有大本钱，才能在粮价跌落时大批买进；有大本事，才能预测到买进粮食后市场粮价会上涨，甚至暴涨。

乔贵发要一试身手。

开始，他在粮食丰收、粮价低落的秋天，摸准行情，大量买进囤积，到第二年春季粮价上扬时再抛出。这一进一出，也就三五个月时间，本钱的赚头却相当于做日常买卖一年的赚头。做这种大买卖和做日常小买卖相比，正有一种游龙见鱼虾和仙鹤立鸡群的感觉。乔贵发不仅赚了大钱，也大赚了面子。

但乔贵发不是那小家子气的商人，他要把买卖继续扩大。在与那些春来冬去的农民打交道中，他觉出，由于对粮价剧烈波动的担惊受怕，这些农民普遍有一种求稳的心理；另外，他们冬去把卖粮的银子全部带回，春来时却舍不得多带一文钱出来，在春夏之季他们往往因手头拮据，急需银子。根据农民的这两个特点，乔贵发又发现了发财的机会：在他们刚刚春种夏耘，尚未秋收时，便给他们部分银子，使他们拮据的手头宽裕起来。他给了农民两个方便，自己也得了两个方便：放银子的高利息，和比秋天买粮价低得多的价格。

农民或急于得到现钱，或乐于得到稳定的粮价，纷纷与乔贵发合作了。乔贵发在春夏之际按定价付了部分银子，到秋天不管实际粮价多高，他会按定价如数收回粮食。这个差价去掉利息便是他的赚头了。这可能是世界上最早的期货交易[2]。乔贵发善于算计，更有眼光，他往往在去年粮价暴跌农民心有余悸，而实际上今年粮价行情可能上扬的时候做这种生意。胆量大，赚头大，操作难度大，这种风险利润都很大的买卖，让同行们瞠目结舌，望洋兴叹，再不能像从前做豆腐、开草料铺那样仿效之了。很快，他们的草料铺成了包头地面上财力最雄厚的商家。

注释

①买树梢，实际是一种农产品期货交易。春夏之际议定一个粮价付了定金，秋后不管市场粮价如何，都按这个价格交易。

②据资料介绍，世界上最早的期货交易萌生于19世纪

40年代的美国芝加哥农业区。据此推算,主要活动于乾隆年间(1736—1796)的乔贵发所从事的"买树梢"生意,至少要比它早四十多年。

富商娶了个寡妇

乔贵发把草料铺经营得有声有色，又做了几笔买树梢生意，把店铺闹得红红火火。尤其是买树梢生意，让乔贵发赚了许多银子，腰杆粗了；脸上有了面子，人也风光了，成了在包头颇受人尊敬和羡慕的商人。

经过十几年的奋斗，从一个凄苦的光棍汉到今天的富足，连乔贵发自己也感到吃惊，内心自然是喜不自禁。可是每逢佳节倍思亲，得意中的乔贵发在一个中秋佳节，举头望明月，低头思故乡，不免思绪翩翩，感慨万端：已经出来十几年了，从一个十七八的后生成了一个三十岁的中年汉子，可至今连个家也没成，仍是单身独居；十几年了，父母的坟头也十几年没有香火了……自己真是个不孝之子啊！望着明月，想到这里，他觉得自己也该给父母扫扫墓了，也该成个家了。当初横下一条心憋了一口气出来闯荡，转眼已是十几年的时光！他该松口气成个家了。

在哪里成家呢？就在包头吧，很容易，这里的人家这里的姑娘他可以随便挑；守着老婆孩子自然比单身要舒服自在多了。但若这样,他祖宗的坟头就永远荒凉了,那样,乡人们会戳他的脊梁骨。不能这样!要为父母尽孝。另外,他对养育自己的故乡,也有一种扯不断的乡情。所有这些都促使他要回祁县老家乔家堡去成家。第二年的清明节前,他从包头起身,骑马向祁县老家奔去。

他在清明节前一天赶到离乔家堡十五公里地的贾令镇上,置买了些纸物供品,就在店里住了一夜。第二天,他带着这些东西回乔家堡上坟。一路上想着十几年来父母的坟上冷冷清清,荒荒凉凉,他有一种深深的愧疚之感,不免暗自伤心落泪。可他找到父母的坟头时,却发现了意外:坟头上有烧纸进香的痕迹!当他烧完纸钱供品回到自己那个破旧院子时,又吃了一惊:一个年轻寡妇和一个小男孩住在他屋里!

原来,这个年轻寡妇带着一个儿子占了乔贵发家的破房子以后,每逢鬼节便去乔贵发父母的坟上上香烧纸,好像是对占房子的一点补偿。这个寡妇也不是别人,原是乔家堡的姑娘,嫁出去后不久死了丈夫,婆家嫌她"妨死男人"撵了出来。婆家待不得,娘家回不得,肚里有娃娃又死不得,加之这年轻寡妇做姑娘时曾与乔贵发有些恋情,便在无奈中住进了空着的乔家破屋里。

也许是命运的安排,这个意外的惊喜,使乔贵发这个已经腰缠万贯的富商,立刻下了决心,娶了这个年轻寡妇为妻。作为一个商人,作为一个注重家族未来发展的成熟男人,乔贵发自然有一番道理:一来,二人过去有些恋情,彼此曾中意,只是环境所迫未能成婚;二来,这个年轻寡妇究竟还年轻,且有些姿色;三来,他同情她的遭遇,他感谢她多年来替他上坟扫墓为父母尽孝;四来,她会和自己一心一意过日子,自己常年经商在外,家里又旁无亲属,屋里需要一个能自立自理又本分知足的内当家来操持。若娶个千金小姐,或年轻姑娘,既得请人伺候照料,还担心把赚回来的钱又挥霍掉。乔贵发顾及家族的发展,义无反顾地娶了这个年轻寡妇。

买树梢栽了跟头

乔贵发自从做豆腐起家以后,干甚甚行,谋甚甚成,买卖一天比一天红火。尤其是率先买树梢得利闹得火火爆爆。可这世间的事不能太顺当,太顺当了就会出事。

现在的乔贵发正是家业两成,气运亨通。三十来岁就成了这个气候,实在也了不得,更何况他是从一个孤儿光棍奋斗起来的!人们称赞他,羡慕他,他也不知不觉地得意起来,渐渐地把往日的辛辛苦苦、勤勤恳恳、兢兢业业忘了,把这些起家的老本丢了。

乔贵发本来亨通的气运开始走背字了。

这时候,乔贵发常常喝酒赌博,把草料铺的日常买卖撂给秦某。他对这些细水长流的小钱已经看不在眼里了。"这几个小钱还值得下那么大的辛苦?买一把树梢就顶它一两年的买卖!"等他喝足玩够,觉得该给铺里赚些钱时,便像往常一样带上银子去土默特川上转悠买树梢去了,他觉得这样个把月转一圈,就能顶上秦某在铺里蹲一年。以前仔细的气候分析没有了,辛苦扎实的农田收成查看没有了,谨小慎微的决策判断没有了，具体定价付钱时精明的讨价还价也没有了……这样漫不经心地做买卖，又怎么能奢谈巨额利润？

这年秋后的市场粮价大大低于买树梢的定价，乔贵发终于在这一次买树梢时栽了大跟头，狠狠地赔了一笔钱，几乎把老本也赔进去了。

乔贵发千辛万苦千算万算十余年的商业成果积累，几乎被毁于一时一事！

乔、秦的义气

这次买树梢栽了跟头，乔贵发才如梦方醒，头脑清醒过来。毕竟他的道行深了，几下扑腾，把损失降到了最低程度。他把积压的粮食低价处理后，把往来欠账打发了，总算把铺子保住了。但铺子仅剩铺面上的一点东西，账面上却空空如也，没有银子了。铺子元气大伤，乔贵发这个大掌柜也心灰意懒了。他痛定思痛，追悔莫及，深感自己大意误事，连累了结义兄弟秦某，自怨自责不已，定要自作自受：责任和损失全由他一个人承担，把这个他占多数份额的草料铺全部让给秦某！

秦某也是个讲义气的人。他虽然也怪乔贵发大意失手，但究竟买卖是二人共同的，过去赚了同赚，今日赔了也该同赔，怎么能让乔贵发一个人独扛！更何况还是结义兄弟呢！乔贵发不连累他要一人独担损失，那是乔贵发的义气；可他秦某也不能不讲义气呀！所以秦某坚决拒受，一定要有福同享，有难同当。

于是，一个要让，一个不受。乔贵发见说不上长短，也就不再提了，说要回祁县老家去养养精神。他的意思是，说不上个长短，却总得有个长短；他要一走，这个铺子不就自然是秦兄弟的了？秦某想乔贵发受了这番打击，的确也该离开这里回家乡养一养了，便答应了乔贵发。于是，乔贵发回到了祁县老家乔家堡。

秦某留在包头看守铺子，因刚栽了一下，生意清淡，无甚事做，一个人倒也照料得过来。夏天种些菜，冬天做些豆腐生些豆芽，再招待些零星的客商，草料铺慢慢恢复了元气。

乾隆二十年（1755年），包头一带大丰收，粮价普遍低落，黄豆尤其便宜，秦某究竟是买卖人，又跟乔贵发做大买卖多年，而且他冬天生豆芽做豆腐也需要黄豆，所以他把柜上的现银都买成了黄豆囤积起来。

也是该秦某露脸，乾隆二十一年（1756年），包头一带大旱，除了能引黄河水的土地外，大片土地几乎绝收！于是粮价暴涨，秦某把囤积的黄豆伺机抛售，赚了一笔大钱。这是草料铺自买树梢栽了跟头以后的第一笔大买卖！秦某觉得这是个好兆头，便要回山西去接乔贵发上来重整旗鼓。有人劝秦某不要冒傻：一个人能赚的钱，为甚要再叫来一个人分！秦某却是重义气的人，他认定：本来是两个人的铺子，赚了钱怎能一个人独吞？再说二人是结义兄弟，本该荣辱与共，祸福同享。

于是，秦某乘回徐沟县探亲之机，去祁县请乔贵发再上包头。几年不见，一番叙旧，兄弟二人感慨万端：路遥知马力，日久见人心！

于是乔贵发再来包头，要与秦某携手二次创业。他感念秦姓兄弟的盛情，也不推辞了，但要把这个本来他占份额大的铺子平分秋色。这样，秦某也不好推辞，于是二人在新的条件下积极筹划，重整旗鼓。

一毛口袋元宝

当时,包头的商业正是快速发展时期。乔、秦二人的买卖本来在包头一带首屈一指,可经那次跌跤以后,别家的买卖纷纷后来居上,把他们远远地抛在后边了。各个商家的买卖范围越来越大,从过去单纯开个草料铺客店,供应来往旅蒙驼队的服务型小商业,向吞吐南北货物的综合型批发商业发展;资金积累也空前雄厚。

乔贵发重返包头看看大局,再看看自己的小草料铺,正有一种"沉舟侧畔千帆过,病树前头万木春"的感觉。包头发展了,形势发展了。单凭小本钱小打小闹,已不可能在包头图大发展了;要图大发展,不仅需要大本事,还得有大本钱。论本事,他知晓包头地界各家商号掌柜们的底细,他自己不在那些人之下;可论本钱,他的铺子却和人家差了一大截。所以,他们的当务之急是积累本钱。

他与秦某兄弟振作精神,从头做起:做豆腐,生豆芽,种菜,接待来往的客商……放下大商人大掌柜的架子,重新辛辛苦苦勤勤恳恳兢兢业业地干起来。讲商业信誉,童叟无欺；讲服务周到，针头线脑；讲买卖赚钱，薄利多销。在包头重塑形象，再图发展。

经过几年的苦心经营，他们的买卖终于在包头有了美誉："这家的买卖是厚道买卖，小的不哄，老的不欺。""这家的掌柜是仁义掌柜，遇事总是礼让三分，从来没见人家和人们吵闹。""同样的东西，在人家这里总便宜些。""买卖人要都能像这家铺子就好了！"可是有了美誉究竟只是美誉，顶不了钱，他们没有大本钱，做不了大买卖，也赚不了大钱啊！

一年下来拨拉一下算盘，乔贵发不免长吁短叹：像这样赚钱，何时才能在包头重振雄风！要不是那次买树梢栽了一下，包头的首富还不是我们的！他仔细想下去，便想起了句古话：谋事在人，成事在天。他也就心平气静了。

这年腊月三十日，乔、秦二人关了店铺，收拾整理了一天，准备清清静静地过年。可就在傍晚时分，突然有人敲门要住店。开门一看，见一个老汉拉着一头毛驴，驴背上还驮着一个毛口袋。老汉自称是收烂铁的，时候不早了，回不了家，要住一夜店。

乔、秦二人本想清清静静地过个年，一人一夜的店铺钱能有几个！可一看老汉一大把年纪了，天色也晚了，便不忍心拒之门外。他们把老汉让进来，给毛驴添上草料，和老汉一起喝了一顿酒。闲谈中,知老汉无家无室,无妻无子,只是一个人漂泊天下,乐山居山,乐水居水。第二天,老汉要走时乔、秦二人也不要他的店钱饭钱酒钱了。老汉牵上毛驴上路,却忘了毛口袋;二人提醒,老汉却说,一口袋烂铁也不值几个钱,先寄存在你们店里吧。

于是这个毛口袋就放在马棚里了。乔、秦二人是极本分极厚道的人,一连三年,他们对这毛口袋动也不动,看也不看,一点也不贪图别人的东西。

直到第三年的腊月,他们清理打扫马棚时,看见毛口袋上一层土,才扫了扫。"三年了,那老汉也不来取他的毛口袋,怕是忘了?"二人仍不敢看,只是为了打扫方便,想挪到墙旮旯里,可一挪,却挪不动,那毛口袋像长了根一般。二人使劲一抬,一下把毛口袋扯开了。"哗啦啦!"掉出来许多明晃晃的东西,仔细一看,黄的黄,白的白!原来毛口袋里都是金银元宝!

财神爷托梦

发现了元宝，乔、秦二人吃惊不小，但究竟是本分厚道人，不愿发不义之财。二人合计一番，决计不动一个元宝，如数保存好，等人家来取。他们把这一毛口袋元宝收拾转移到屋里安顿好，心情不平，慨叹不已。

乔贵发夜深方睡，正睡间，三年前的那个老汉忽然叫门进来。乔贵发赶紧说："好我的老人家啊！你总算来了。放下一毛口袋元宝就不管了，在马棚里扔了三年！这要给你丢了呢？你来了就好了，快拿走吧，省得叫我们提心吊胆地给你保存这么多钱。"

那老汉故作惊讶："哪来的一毛口袋元宝，那尽是些烂铁呀！"

乔贵发赶紧把老汉引到保存那些元宝的地方叫他看。老汉一看那些白晃晃黄灿灿的一堆元宝，哈哈大笑，笑间突然摇身一变！乔贵发定睛一看，原来是财神爷！他赶紧跪下磕头。

只听财神爷说道："你们果然名不虚传，都是厚道人。

这些元宝就算我送给你们做大买卖的本钱吧。"

乔贵发赶紧说:"我们何德何能受你老人家的赏赐?不敢受呀!"

财神爷却说道:"我给你们自有一番道理:一来你们久经商场,颇有道行;二来你们虽处困境,却买卖公平,童叟无欺,又不贪不义之财,包头百姓有口皆碑,我也亲眼所见;三来你二人买树梢栽了跟头,不但没有因赔钱反目成仇,而是双双重义气,也真是买卖人的楷模……"

"你老人家怎么能知道这些?"

"我怎么能不知?我无处不在,自然就无事不晓了。哈哈哈……"

乔贵发赶紧又说:"你老人家给了我们银钱,还得给我们财运啊!"

财神爷又说:"你们要牢记道行、道德、信义六字。有道行,则物从之。有道德,则天从之。有信义,则人从之。若记住这六字,自会六六大顺,财运亨通。"财神爷说罢,骑着灰毛驴,飘然而去。

"老人家!老人家!"乔贵发欲追而迈不动腿,大声喊叫不已。一觉醒来,原来是一个梦!

广盛公开张

乔贵发夜梦财神,与秦某一说,二人惊喜不已。但惊喜之余又寻思:俗话说梦是心中想。究竟这梦是心中所想,还是真有财神托梦?但思来想去,这神、梦之事不好捉摸,难得其解。

最后二人商定:不管是不是真的财神托梦,反正这些元宝是真的。这些元宝是财神送来的也好,是那个老汉的也好,咱把这些元宝的数量分量和成色登记造册,算作副本钱用起来,待一个账期下来,和自己的本钱同样分红。若日后那个老汉来取元宝,咱给他交代得一清二楚,连本带利给人家。若这些元宝果真是财神爷送给咱们的,咱就永记财神爷教给咱的六个字,做信义买卖,当仁义财主。

有了这笔钱,就可以图大发展。他们早已发现,包头的几个地方在形成一体的包头村的过程中,与转龙藏[①]隔水相望的博托河[②]西岸成了商业中心,那一带地脉很旺,而西脑包这儿却成了包头的外围地带,显得清冷了许多。于是他们想把铺子转移到那儿,但为了避免冒失,就先在那一带（即今包头市东河区解放路一带）租了一个铺面试营业。经过一段时间，他们觉得这里确是一块商业宝地，便做长久打算。他们审时度势，看准时机，动用手中充裕的银子，把几家善经营的铺子连同地皮（即今包头市东河区东门大街一带）盘了过来，然后起房盖屋，聘请掌柜，扩大营业范围，开设了广盛公字号，除了经营豆腐、豆芽、种菜外，日常业务有丝绸、布匹、杂货、粮油、酒、米面等买卖，还看准时机搞些买树梢、贩马等大买卖。再后来，随着包头商业的发展需要，他们凭借广盛公愈来愈雄厚的财力，业务涉及存放款的"银钱买卖"。

有了"财神爷"送来的那一毛口袋元宝和随之而来的财运，再加乔、秦二人的苦心经营，开设"广盛公"字号后，他们财运亨通，如鱼得水。当时正值包头一带商业快速发展时期，水涨船高，乔、秦二人的买卖，得以长足发展，为日后乔家成为清代巨商打下了厚实的基础。

注释

①转龙藏，是位于包头博托河东岸的喇嘛庙，因借博托河"旋转曲折如龙"的水势而得名，始建于雍正四年（1726年）。

②博托河，即今包头东河。"博托"，蒙语意为"英雄"。

"广盛公"的来历

乔、秦二人开设的字号为什么叫"广盛公"呢？原来，过去的人办事相当讲究，一般给人起个名字都十分认真，更不用说给这么大的字号起名了。常常是东家、掌柜和博学的儒者"三堂会审"才正式定名。起"广盛公"三字颇费心血，也颇有些讲究的含义：

"广"字，范围上大得无边，数量上多得无数，常用来形容天、地、万物，这个字十分大气。

"盛"字，总的含义有极兴旺极发达之义，若把字分开解，一个"成"，一个"皿"，有"成器"之义；若用另外一个读音来解，又有"舀""捞"的含义，商人做买卖，自然是从商海中"舀"钱、"捞"钱了。

"广""盛"二字一合，便可有若干吉祥之义：一是大兴旺大发达，二是成大器，三是大舀大捞或多舀多捞。

"公"字更了不得。何谓"公"？德高望重之人，谓之"公"；公平买卖谓之"公"。一下子，"公平买卖，德高望重"的商家形象出来了，这是明的。暗的，"公"还有雄性之意，称雄商界或称雄包头之意。更隐秘的一点，作为货币流通的元宝和铜钱，在形状上都有雌性特征。这样，雄雌相遇，异性相吸，"雌"的自然服帖于"雄"。带"公"的字号极为罕见，可见，为了这个店名，乔、秦二人与某一位饱学的儒者是颇费了一番心机的。

乔贵发有后眼

广盛公开张后,乔、秦二人的买卖步入了稳步快速发展时期,经商经验,资本积累,优越的地理位置,都使他们的买卖有了充足的后劲。在生意兴隆财运滚滚的红火情形下,他们聘请了大掌柜,体体面面地告老还乡了。

乔、秦二人回乡后,虽然脱离了买卖,身心却不能完全闲下来。

秦某回乡后,因家居徐沟县大常村,秦姓是祖辈上迁来的外姓,虽然有钱,却没多大势力,活得不自在。为儿孙计,他在徐沟城内置了大片地皮,起房盖屋,举家迁入了徐沟城,过起了气气派派、自自在在的财主生活。可是,这样一来,多年来积攒的银子却也折腾了大半。

而乔贵发回乡后,因他成家晚,儿子们比秦某家孩子的年龄小,本身又是乔姓大族,便没有像秦某那样大规模起房盖屋,只是在旧院里盖了个像样的四合院。另外,他与秦某合伙做生意,他是老大,是广盛公的大梁,吃的苦多,动的脑筋多,道行也深些,眼光也远些,特别是那次

"买树梢"跌跤差点一蹶不振，更使他后怕。他深知，买卖有赚就有赔，要既能赚得起也能赔得起，才能立于不败之地。因而，广盛公虽然眼下生意兴隆，财运滚滚，但得防它走背运的时候。有备才能无患嘛！所以，乔贵发把以往的和每个账期下来送回来的银子都积存起来，深挖坑，广积银，以备不测。

他一边积攒银子，一边教导儿子们："广盛公是咱们家的命根子，是一股长流水，千万不能让这股水断了。包头是个做买卖的好地方，是我们走南闯北多年才歪摸准的……"另外，他把做买卖的道理、用人的道理、信义、勤俭持家……常常挂在嘴边，给儿子们念叨。

晚年的乔贵发为乔家商业积累着厚实的银子，也为乔家的商业培育着下一代人才……

他活着的时候，这些行为并没有显出比秦某特别高明的地方，但在他死后十几年，他的高明就显现出来了。乔、秦二人的巨大差异，其实是在乔、秦二人晚年时，便有了苗头……

巨大的商业灾难

乔、秦二人死后约十几年,一场巨大的商业灾难降临在乔、秦两家的头上。

嘉庆初年,广盛公商号再次因买树梢栽了跟头,而且比当初乔贵发栽得更惨:把整个商号赔进去都抵不了债务!

原来,乔、秦二人临退休时,聘请了大掌柜和若干小掌柜。为了促使他们尽心尽力为广盛公做生意,立下了很有效的奖励规矩:大小掌柜根据所做贡献领取报酬,广盛公红利的一半归乔、秦两个东家,另一半则由大小掌柜们根据地位、资格和表现分红。这样,极大地刺激了大小掌柜的积极性,他们人人争先,个个卖力,把广盛公字号经营得红红火火,买卖十分兴隆。在包头称雄一方,商誉卓著。

商誉对买卖家的影响十分了不得,有了良好的商誉,买卖人愿意与你来往,普通人也愿意与你来往。来往便是买卖,买卖多了,赚头自然就大了。不仅如此,因为有商誉,许多人们手中的闲置银子,愿意往你字号里存放。这样一来，多财善贾、本来就资本雄厚的广盛公做起买卖来就如虎添翼了。

可是，好事也能变坏事，这一年，得惯买树梢暴利的广盛公，因没有摸准收成和行情，一下子栽了。因买树梢有暴利，柜上又有别人存放的银子，他们倾囊而出，想狠狠地赚一笔，结果事与愿违，连自己的本钱带别人存放的银子都赔进去了。

形势突变。

广盛公在包头首屈一指，它的一举一动都为人们所关注，更为那些存放银子的人所关注。它买树梢，人们知道，这买树梢一栽，人们也很快知道了。担心受它连累，存银子的纷纷涌来兑现银，有欠账的买卖家也纷纷涌来要账。

此时，活银子都买成了死货，死货又愈来愈不值钱，愈来愈难换成银子，广盛公哪能应付得了！大掌柜无奈，广盛公只得关门三天，暂停营业，一边让账房先生清账，一边想应急办法。

大先生把账结下来：需兑现银十余万两，而柜上已没有现银；应收款和财物折价下来满打满算仅三万两，而且多数东西难以换成现银。资不抵债了！资产仅是债务的三分之一，债务是资产的三倍！

大掌柜头上冒汗了：怎么能把买卖做成这样?!

这时候,要兑现银和要账的人们已经不耐烦了,有的骂娘,有的要抢东西,广盛公门外是一股汹涌的讨债怒潮,广盛公的牌匾像在风雨中飘摇的一叶小舟,岌岌可危。

乔、秦两家的差异

这要账的怒潮该如何应付呢？

大掌柜究竟是久经商场锻炼出来的：他先与大先生秘密商议了一番，然后再与各个小掌柜商量，先稳定了广盛公的内部核心，然后他开门去稳定躁乱的人群。

他不慌不忙、不卑不亢地站在台阶上，向人们一挥手，一鞠躬，说："各位新老相与，广盛公这回买树梢栽了跟头，诸位都知道了；诸位要兑银子，也完全应该，但眼下本号现银短缺，还恳求诸位宽限几日。这几天我和大先生清了清账，本号外欠的也就是三万两银子，本号这些年赚的银子何止这个小数目？我们乔东家和秦东家有的是银子，再说他们也都是仁义财主，绝不会坑了诸位的。当初两位老东家买树梢也栽过，坑过谁？本人明日就带上骡马去山西祁县、徐沟驮银子，来回也就是半个月的时间，请诸位半个月后再来兑换现银，有多少兑多少！"

人们听听看看眼前的这位大掌柜的言行，再想想广盛公的乔、秦东家辉煌的历史，显赫的商誉，卓著的信义，对这个一直有信有义的商家,他们怎么忍心采取不义之举?再说,半个月时间也不算太久。

大掌柜稳住了要账的人群,便起身去祁县、徐沟向东家请罪要银子。

大掌柜日夜兼程,五天时间便从包头赶到徐沟城,他先去秦东家堂上述职请罪。秦家主事人一听说亏赔十几万银子,纵然二一添作五,他家也得出五六万两!他家的银子都置了地、盖了房子,哪能拿出这么多银子!原来,老秦晚年不仅把银子在徐沟城置成了房地产,没留下多少积蓄;而且,他教子无方,儿子们的修养甚差。

既没银子,又没修养,一听说自家的字号亏赔了那么多银子,秦家主事人火冒三丈:"你这是甚的大掌柜!做买卖能做成这样!还出高价钱请你?请个二百五也不至于赔这么多吧?老东家们怎么瞎了眼聘你做大掌柜!至于取拿银子的事,一来家里没有,二来,家里有也不给,本钱才三两万的字号,一赔就往里贴五六万?没这道理吧?那还不如重开个字号呢!"

大掌柜一大把年纪了,受着这番训话简直无地自容。但咎由自取,惹下这么大的祸,挨几句训算什么。只要东家能出银子,让广盛公渡过难关,他和伙计们再加把劲儿重新让生意红火起来,使广盛公不要在他的手里垮了,他也就对得起两位已故的老东家了。否则，百年之后有何面目去见器重他的乔、秦二位老东家！

于是他委曲求全，对秦东家解释："可是，要不往进贴补银子，广盛公可就保不住了。我是万般无奈才回来求告东家的。"

但秦东家既不给银子，也不给面子，更愤怒地说："开字号做买卖是为赚钱呢！不是为赔钱……"

可买卖有赚有赔，这也是常理呀。大掌柜想解释，但觉得不好意思，也没必要了。

大掌柜从秦家出来，脸上灰灰的，手中空空的，心灰意冷。包头市面上，他无脸见人；在字号里，虽然伙计们不敢把他怎么样，可也今非昔比；本指望能得到东家救援，可在秦东家这里又遭这样的冷遇……他甚至想到死，一死广盛公就彻底垮了，那些要银子要账的也就彻底亏了，乔、秦两家的这股活水也就彻底断了。他又想，他若一死，自己一了百了，可就亏了包头的那些老相与，亏了广盛公字号，亏了两位栽培他的老东家了。思来想去，除了万不得已，他不能走这条路呀！剩下的唯一希望就是乔东家的态度了。

来到贾令镇，把骡马队留在店里住宿，大掌柜单人独马提心吊胆地向乔家堡走来。憨厚实在的秦老东家的后代如此刻薄，精明强干的乔老东家后代又会怎么样呢？会不会更刻薄？

大掌柜一进乔家的院门便扑通一声跪在当院里。乔家许多人不认识大掌柜，不知何故。待问明白了，才赶紧告知东家。此时乔家的主事人是乔贵发的二儿子乔全义，他一见大掌柜的举动，便知道广盛公出事了，他赶紧把大掌柜搀扶起来。这时的大掌柜腿软心颤，倒真的需要人搀扶了。他颤抖着说："少东家，我对不起你啊！"说着，老泪纵横不止。

"不用说了，我知道七八分了。先洗漱吃饭，再慢慢细说。"乔全义止住大掌柜，吩咐家里人给他打水洗漱，做饭备菜。

饭罢，大掌柜从头至尾讲述买树梢亏赔的情由，以及去了秦家的情形。乔全义心里有准备，无非是亏了本补进去万把两银子就是了。一听说亏了十几万两，他头脑也晕了；再听说，秦家一推六二五，要撒手不管这个字号，他就更觉得为难了。他对大掌柜坦诚地说："胜败乃兵家常事，赚赔也是买卖家的常事，所以大掌柜也不要过于自责。可是，这十几万两银子要我一家拿，实在是拿不出来呀！"

大掌柜赶紧说："咱的底细除了我和大先生，包头没人知道。人们急要账，只是怕咱彻底垮了。如果咱能补进去三五万两，让人们兑上一阵子，人们看看咱广盛公垮不了，兴许也就不急于兑换现银了。究竟咱是包头的老字号、大字号，信誉在外……"

乔全义沉思一下说："这样吧，你长途劳顿，也累了，先休息一夜，明天我再来和你商量。再说这样大的事，我虽是管事的，可也得和兄弟们商量一下再做定夺。"

乔全义安顿大掌柜睡了，便独自苦苦思虑这回事，他想到了地窖里藏的那些银子，想到了父亲乔贵发……想到父亲，他的主意便有七八成了。他叫来大哥乔全德和三弟乔全美商量。

原来，乔贵发有三个儿子，长子乔全德，是妻子带过来的，而且少年受苦，没受过多少教育，天资也平平，故不能委以重任。三子乔全美，是个老生子，虽天资聪慧，最受宠爱，但体质弱，气度也就跟不上，也不能委以重任。唯二子乔全义天资聪颖，后学勤奋，熟读诗书，通情达理。他德才兼备，体魄皆佳，也谙于世故，是个称心的继承人，所以乔家的担子就压在他的肩上了。

乔全义叙说了广盛公亏赔的情形，然后说："咱爹在世时，就曾说买卖有赚有赔，他就怕买卖有个闪失，所以把银子都攒起来了，现在果然应了咱爹的话。咱爹也说过广盛公是咱家的一股活水，除非万不得已，不能把这股活水给断了。所以说,把积攒的几万两银子补进去,这是咱爹早就安排好的……"

兄弟们商议一番,最后达成共识:父亲的遗愿不能改,把积攒的银子拿出来给大掌柜。道理上:父亲知有今天,可见他早有预见,能知未来之事,今日补进去明日就可能更多地赚回来。万一补进去填了无底洞,也就算天不富咱们这一代,也不用有怨言,咱爹当初比咱们穷得更厉害呢!信义上:咱不能这儿把住银子,坑了包头的那些老相与,让人家骂咱乔家的祖宗八代。咱父亲英雄一生仗义一生,咱不能把他老人家的大名污了。弟兄们信父、信天、信义,决计把银子拿出来!

于是,大掌柜从乔家家里起了三万两银子,赶着骡马队,雇上保镖,浩浩荡荡地回包头而去。

乔东家的豁达,给濒临倒闭的广盛公输送了极为珍贵的生命源泉,也给了大掌柜一条老命和重振雄风的机会。他从内心里感激乔家,一路上默默起誓:乔家如此待我,我定为乔家的买卖鞠躬尽瘁,死而后已!

千里驮来石头蛋

驮银子的骡马队日夜兼程赶回包头时，一匹匹骡马汗流浃背，如同水洗了一般。大掌柜在广盛公院子里把驮子下了，摆在一起，然后揭开盖子，顿时，院子里一片白光！一眼看到这么多银子，无论是本号的还是外边的人，无不啧啧感叹。

大掌柜与大先生清点完银子，不多不少，整三万两！交接完手续，便挂出牌子开始兑换现银。堆在柜里的白晃晃的银子，排在外面的蜿蜒的长队，俨然一幅长龙饮水的壮观景象。当三万两银子兑去一半时，大掌柜看了看势头，不好！这三万两银子恐怕挡不住那兑换的人潮。为了不使这十万的欠账全兑出去，必须扼住兑换的势头，而为了扼住这势头，就必须有更多的现银。必须及早动手，若兑空了再想办法，势必局势更糟。

于是，大掌柜把号里的事托给大先生，又带上骡马队奔祁县乔家堡而来。这一下，乔东家也为难了，从哪儿再凑这三万两银子？

乔家人男女老少齐动员，七凑八凑，也不过近两万两银子。这一下，主事的乔全义可犯愁了：这补贴亏损就和堵水口子一样，堵住就堵住了，堵不住就前功尽弃了。不仅老父亲创下的买卖字号保不住，连前些天补进去的三万两银子也白扔了！他吃不下饭，睡不着觉，绞尽脑汁也想不出个办法来。主事人有主事人的威风处，主事人也有主事人的凄惶时啊！

这时，大掌柜急中生智，只得使出那不是办法的办法了：他让骡马队卸下驮子返回贾令镇住宿，然后让乔全义多多准备些石头蛋。

夜深人静时，大掌柜和乔家的三个兄弟把近万两银子装了几驮子，把剩下的空驮子全装了石头，石头上面再盖上一层银子，锁好封口，然后把驮子上标上记号。这事除了大掌柜和乔氏三兄弟，没有一个外人知道。

第二天，他们把骡马队叫上来装上驮子，又浩浩荡荡地离开乔家堡向包头方向奔来。当这些骡马驮着沉甸甸的驮子又汗流浃背地走进包头时，包头的人们震住了，这广盛公的东家有多少银子？

大掌柜像上次一样在广盛公的院子里开驮子亮相以后，终于把那些要兑银子的债主震住了：谁说广盛公会垮？有这么实力雄厚的东家，广盛公哪会垮了？既然广盛公垮不了，又何必急着兑现银，不到期兑银子吃亏呀！一下子，终于把要账要银子的势头扼制住了。

待局势稳定下来，唯一知情的大掌柜才向大先生交了底：那驮子里一多半是石头蛋！大先生听罢大笑："哈哈，跑上一千多里驮来些石头蛋！妙，妙！石头当银子用，点石成金，真是妙啊！"

渡过一个大难关，紧张了好长时间的大掌柜和大先生终于露出了轻松的笑脸。

深入草原得暴利

兑换现银要账的局势稳定下来了，大掌柜算是松了一口气，可是亏赔的局面还没有挽救回来呀，所以，他还得再加一把劲。

这日，他把各个小掌柜召集到一起议事："眼下咱广盛公的危机算是过去了，可是亏空仍很大。为了挽回这次买树梢的巨大损失，必须采取非常之举：去吃千种苦，去赚万般钱。我已经想好了，要去后营①和蒙古人做买卖，那儿马匹皮毛便宜，绸缎、茶叶、铁器贵，利很大。可是要走两三千里的沙漠、草原和山地，得吃许许多多的苦。诸位愿意跟我去的，我不会亏待他；哪位觉得广盛公没希望了，可以另谋高就，我不阻拦。我拼上老命也要闯一闯，也要把广盛公扑腾得兴旺起来。"

这时，广盛公的买卖已经变得清淡，大掌柜把号事交给大先生，便带上广盛公的骨干，置了近百只骆驼和驮子，然后购上绸缎、茶叶、铁器等蒙民的稀缺物资，向后营一带开拔。大掌柜曾跑过旅蒙买卖，轻车熟路，知道怎样和蒙民打交道；他又有极好的人缘，手下人乐于效命。所以，这草原买卖十分得手，果真像他所说的：须吃千种苦，可赚万般钱。

一个账期（三年）下来，不仅把亏损补齐了，还有了余头。两个账期下来，广盛公就恢复了元气，财运滚滚，红利赫赫！

这时，大掌柜才算真正了了一桩心事。账期下来时，掌柜伙计聚餐庆贺，喜气洋洋，可大掌柜举杯祝酒时却失声痛哭："广盛公能有今日，实在是万幸啊！我能有今日实在是仰仗了伙计们的同心协力啊！我敬诸位一杯！另外，广盛公能渡过那次难关，也实在是仰仗了乔东家的大度啊！诸位想想，那么大的亏损，谁还想到广盛公能有今日，乔东家把家里掏空拿出了四万两银子给咱们，实在是仗义之举啊！诸位不知道……"于是大掌柜把去秦家碰了一鼻子灰，自己曾有轻生的念头，乔家如何凑银子等一情一景，一言一行，点滴不漏地说给所有的伙计们。六年来，这些都刻骨铭心地藏在他心里，须臾不曾忘记。一席话，说得伙计们个个激动，人人含泪。大家共同举杯为乔东家祝福。

大掌柜又说："六年了，大伙儿没领到一个铜钱，我心里有数，大伙儿都得养家糊口，我也不会亏待大伙儿。凡顶生意的，每人加二厘；凡没顶上生意的，除了六年工钱，每人加赏三百两银子！"一番话，说得人们欢呼雀跃。

大掌柜又补充说："伙计们的工钱和赏钱，我就可以主事，回头大伙可向大先生支取。至于每人的二厘生意，我还得回山西祁县征得东家的同意才能给大伙儿顶上。"

注释

①后营，即今蒙古国境内的科布多。

广盛公改组复盛公

掌柜伙计们庆贺罢，大掌柜便打点行装，准备去山西祁县乔家堡，向乔东家述职、交账、请示。

按照一般字号和广盛公以往的规矩，三年一个账期下来，乔、秦两位东家要来包头住些日子：一来了解经营情况，二来乔、秦决策重大事情，三来慰问掌柜伙计。但自从六年前广盛公大亏赔之后，两位东家一直没来，大掌柜就只好去了。

原来，秦家自从那次回绝了大掌柜要银子补亏之后，以为广盛公早就垮了，还暗自庆幸自家没像乔家那样糊里糊涂又往里白扔了几万两银子呢！原来才三万两银子铺底儿，一下子亏赔了十几万两！哪能翻过身来？他只怕债主找他的麻烦呢，早就把广盛公字号推得离他秦家远远的了，哪还会来包头！

乔家呢，自从拿出四万两银子后，对广盛公抱的希望也不大了，只是一种听天由命的态度。好像车主把车马交给车把式走险路一样，一切就靠车把式和老天爷了。广盛公垮了也就算了，广盛公若翻过身来，那也是大掌柜的功劳。一切就任大掌柜行事吧。所以，也没到包头来。

大掌柜来到乔家一交代经营情况和成果，乔全义感动得热泪盈眶。他既为伙计们吃了千辛万苦走后营感动，又为广盛公翻过身来感动，于是扑通一声跪在地上，给大掌柜磕头："您老人家搭上老命为广盛公奔波，请受侄儿一拜！"

按说，大掌柜是老一辈人，又立了这么大功，受少东家一拜也说得过去。可他究竟是掌柜呀，特殊情况虽可受东家一拜，但不敢过分，赶紧下跪还礼。二人礼尚往来，一个论辈分，一个论身份。

此时，乔家的境况已很寒酸，六年前把家底儿都刮去了，一大家人得吃喝花销呀！今日一听说广盛公又赚钱了，有红利可分了，当家的乔全义能不激动吗？

二人说到具体分红办法和掌柜们另加二厘生意时，乔全义虽完全赞同，但不敢独拿主意，说该与秦家商量定夺，可大掌柜一听说要与秦家商量就火了："少东家你要与秦家商量，我立马就把这副担子扔给你，我从广盛公走人！他算甚人呢，亏了他不出银子，一推六二五，赚了他又来管事！我可一天也不伺候他！"

这大掌柜自从那次碰了一鼻子灰后，早对秦家有了成见。

乔全义听了大掌柜的意思，觉得也在理。他也对秦家有看法：分钱时，你与我平分；遇上出钱补亏时，你家一毛不拔，亏空我家独扛！可又一想，广盛公究竟是乔、秦两家合伙经营的，像大掌柜那样做也名不正言不顺呀。

最后，乔全义和大掌柜经过一番深思熟虑后商定：

一是关于乔家出的四万两银子，不能算借款，只能算股本。在当初那样险恶的形势下，谁家的钱敢借给广盛公去冒那么大的险？只有股本金才会去冒险。冒的险大，也该得的利大，不能冒完险了，再把它当一般借款还了了事。

二是这样一来，乔家的股本多了，秦家的股本少了，又违背广盛公创建时乔、秦二家各占一半股本的规矩；而广盛公当时若没有这四万两银子早就垮了。所以，从兼顾合情合理和名正言顺计，应使广盛公在名分上有所改变，而代之以新的名分。考虑到字号的连续性，"盛公"二字仍保留；考虑字号发展的更新换代情形和"恢复元气""复兴"等的字义，"复"与"福"又谐音，以"复"代"广"，称为"复盛公"。于是一个与"广盛公"有区别又有联系的新的"复盛公"字号树起来了。"复盛公"替代或接管了"广盛公"。

三是关于股东，财股，连老本带新本六万多银子：秦家老本一万多两；乔家老本一万多两，新本四万多两；合计六万余两。为经营稳妥计，把六万余两银子，一半做股东，一半做副本，沿用广盛公的股数，共计十四个财股。根据新老股本比例分配：秦家三股，乔家十一股（每股正副本共四千余两）。这便是复盛公组建的股本情形，也是广盛公被复盛公取代的真实意义：股本总额增大，乔家比例增大；秦家后人虽然有过，但前人有功，也给他一定比例。

四是关于身股，过去广盛公时为十四个身股，与财股平等。经过这次生死存亡的拼搏，掌柜伙计们功绩卓著，理应奖赏。大掌柜把十来个掌柜每人加二厘生意的事一说，已占有约五分之四财股的主事人乔全义不仅一口答应，而且把二厘加为三厘，任大掌柜定夺分配。这样，广盛公原先的十四个身股便成了十七个身股，比财股高出三股。

此事与秦家一说，秦家也不能有二话。他自然忘不了六年前的情形，自然记得他自己说的话，因而也自然清楚：今日的复盛公若没有他家的份儿，那是本分；能给他家留三股那是面子——是老秦的面子。

复盛公就这样改组成功了。这一年是清嘉庆六年，公元1801年。

改组过程中，那些最能吃苦奉献最勇敢最仗义最积极地保护集体利益的人，最终得到了集体利益的最大奖赏：

乔家由半壁江山发展为五分之四的天下，掌柜们在对半分红的基础上又增加了三股……

乔、秦的差距拉开了

因老秦没给后人攒下银子，也没有教育好后人，使广盛公濒临倒闭时，秦家未能立下寸功，最终导致了在复盛公中只占五分之一股本的结局。

而秦家后人不仅不惋惜这个结果，反而有几分庆幸，庆幸这股水没像当初想象的那样断了。他们没因与乔家相形见绌而发愤图强，相反，却因仅占五分之一天下，对复盛公决策的参与程度大大减弱，几乎成了白吃股本红利的，因而对复盛公的关心减弱，感情也减弱了。

再后来，竟然因手头拮据而从红红火火赚大钱的复盛公中抽股！这可真成了"挖却心头肉，医得眼前疮"。等于是把结满果实的树枝砍下来当柴烧！终于，他抽一股，乔家补一股；抽来抽去，至民国年间，秦家在复盛公十四个财股中仅占一厘二毫五了！

当初曾拥有半壁江山的秦东家，后来竟连一个刚顶生意（一般为二厘）的小掌柜也不如了。

能观天象的掌柜

俗话说,大难不死,必有后福。乔家的买卖经过那场大难之后,不仅没有伤了元气,反而来了后劲。广盛公改组复盛公后,生意日渐兴隆,买卖日益扩大,一派欣欣向荣的景象。

家有梧桐树,招得凤凰来。乔家的买卖"大难不死",当初亏赔时乔家大度、讲信义的表现,也成为包头商界的美谈。这极好的信誉和红火的生意,不仅使买卖家愿意与乔家做生意,而且许多精明能干的买卖人也愿意来复盛公号里为乔家效力。一时间,乔家的复盛公字号人才济济,群英会聚。

相传,复盛公六成行的一位掌柜道行颇深。不仅精通六成行的业务,而且能观天象,预测收成。

这年夏天,包头一带庄稼长势喜人,丰收在望,人们普遍担心秋后谷贱。所以,一般买卖家对粮食的吞劲减弱,农家对粮食的吐劲增大,粮价呈下滑趋势。

面对如此形势,复盛公六成行的掌柜也让暂停买进业务。他整日不理号事,白日闭门睡大觉,晚上彻夜不睡,却披上被子上屋顶吹凉风去了。按说,包头地处塞北,夏日虽炎热,夏夜却凉爽,哪需要去屋顶睡觉?伙计们都觉得奇怪:掌柜的怎么这么不正常?他这样一人一被连续在屋顶独坐了四五个夜晚后,才开始料理号事:明日开始买进粮食,有多少,买多少,直到把账房的银子买完为止!

众伙计不解,都说他"日怪",但号令难违,只得纷纷执行掌柜的号令。招牌一挂,卖粮者涌来,六成行粮仓不几日就堆满了。这还不行,掌柜的又让伙计们在大院里筑粮台,做粮囤,当作简易粮仓,继续大量买进。直到六成行的银子完了,院子满了。

包头的同行们见状,纷纷取笑:都说复盛公的六成行掌柜精明,这下可能是精明得过分了!就按下滑到这时的粮价卖了,这六成行的粮食买卖也得赔一大笔钱呢!眼看着丰收在望了,秋收后岂不是更得赔钱!

粮价越下滑,同行们越取笑,伙计们也越担心。

可就在秋收前的农历七月初,突然暴雨成灾,黄河水泛滥,淹了大片粮田,眼看到手的粮食,被"龙口"吞走了!一下子,包头一带的秋粮几乎绝收,很快这一带大闹粮荒,粮价飞快反弹,复盛公六成行大大赚了一笔钱。

这时候,复盛公六成行的伙计们才拨云见日,明白了:

掌柜的真有道行！

伙计们问其故，掌柜的只笑不答；问得紧了，掌柜的才反问："你们知道我那些黑夜披上被子上房顶是做甚呢？"人们摇头。

掌柜的这才告诉他们："我那是观星呢。我一看，知道今年有水灾。但不敢断定，也不知道确切日子，所以就连续看。翻来覆去看了后，我才敢断定：肯定有水灾，知道水灾在七月七前后的七天。这时候，秋庄稼还没有开镰收割呢！"

"原来掌柜的能观天象，真神了！"伙计们不住地感叹。

瓦楞上的谷子

一个老相与听说复盛公六成行的掌柜道行深,精于粮食生意,便起了试探之心。

他看见屋顶瓦楞上有几颗谷穗,便把谷穗搓下米来,送到复盛公六成行做样品,问掌柜的:要不要,要多少。

掌柜的一看便知是瓦楞上的谷子,也明白了来者之心。于是将计就计:"你有多少这样的谷子?"

"有一百多石吧。"对方答。

"你要有一百多石我都要了,价钱加倍!可你要没有一百多石这样的谷子呢?你敢赔我一百多石谷子?"

这位老相与支吾不语。

掌柜的嗤之以鼻:"哼!你有一百多石?哄鬼去吧。你连一石也拿不出来!"

"为甚?你怎么知道?"对方问。

掌柜笑道:"这是瓦楞上的谷子!你能有多少?"

这位老相与顿时折服得五体投地:"啊哟!人们说复盛公六成行的掌柜有道行,我还不信。今日一试,真是名不虚传呀！佩服！佩服！"说罢，施礼而去。

乔家分为三堂

乔家的买卖兴隆,财源茂盛,人丁也很兴旺。主持乔家事务的乔全义便有分家的想法:一来,眼看着这个老四合院子容不下这一大家子人了,非扩大建筑不可;二来,复盛公财源滚滚,为乔家赚回不少银子,有经济实力扩建;三来,幼弟乔全美已成家,可以单门立户了。再说,同辈人主持家政,日久天长难免有闲话,闹得兄弟不睦;退一步说,即使这一代人能和睦相处,谁能保证下一代人?倒不如趁好时在自己手里分了家合适。

于是,兄弟协商一番开始建房分家。乔全义主持给兄长乔全德在村中心地带买一块地皮(在今乔家大院西面),建了一所讲究的二进连套大院。再给幼弟乔全美也在村中心地带买地建了一所二进连套大院(即今乔家大院中的东北老院)。他把位于村北边的老院留给自己,在此基础上也扩建为二进连套大院。

此时,乔家已是富甲乡里、颇有名望的家族了;再加老二全义、老三全美又都有一定的学问,所以,乔家论实的有银子，论虚的还讲风雅。因而，有了像样的宅院，也该有个像样的名头。于是，老大的宅院取名"德兴堂"，联系一个"德"字；老二取名"宁守堂"，与"义"联系成"守义"；老三取名"在中堂"，与"美"联系，便是"美在其中"。

兄弟三人各有了宅院，有了名头，又把存的银钱如数分了，便各自开始单门另过了。

创设复盛全钱庄

早在乔贵发开设广盛公时期，就凭其兴隆的买卖，卓著的信誉，吸引了存款业务，进而因规模可观开始存放业务。不过，这只是比例很小的一部分。

经广盛公买树梢栽跟头的那次大难后，因乔家重信义拿出巨额资金补亏，并使广盛公恢复了元气改组为复盛公，乔家的信誉更为卓著，买卖也更为兴隆，资本也更为雄厚。再加包头一带商业的快速发展，所以，复盛公的存款业务倍增，放款业务也跟着上升，存放的比重随之上升，利润也十分可观。

精明的掌柜注意到这种变化，发现了存放款业务日益发展的势头。便设想：用专人专门从事这种买卖，肯定更能精通这门业务，促进这种买卖的发展。这不是又多了一棵结果子的树吗？

此时，复盛公改组以来已快三十年了，不仅给乔东家拿回不少银子，而且号里的资本积累也相当雄厚了。有卓著的信誉，有雄厚的资本，有日益增长的存放业务需求，而信誉和资本又正是银子存放买卖的最重要条件……此时不上手，更待何时？

于是，在一个账期下来去祁县向乔东家交结账务时，复盛公的大掌柜提出了自己的想法。并补充说：

"上阵亲兄弟，打仗父子兵。新开设的买卖与复盛公可以互为照应。平时各图发展，困难时互相帮助。这样，买卖就更稳妥，也更能发展，对乔家有百利无一害。"

此时，乔全义已年龄不小了，他与长兄幼弟一商量，觉得合适。另外，三兄弟建房分家已多年，各自都有些积蓄。于是，乔氏三兄弟独姓集股三万两白银做股本，委托大掌柜物色人选另开字号，专门经营银子存放买卖。

考虑到与"复盛公"的承继关系，和乔氏三兄弟的合作关系，三人又都是"全"字辈，所以定名为"复盛全"——继承沿用了"复盛公"的"复盛"二字，再加一个三兄弟都带的"全"字。

有了东家的话和银子，有了字号，大掌柜便回包头筹办复盛全钱庄。他经过一番审时度势和斟酌，在复盛公字号西边几百米远的财神庙附近置地建房开设了"复盛全"钱庄。这既位于一条日益繁荣的商业街，又临一个街口，有地利；与老字号复盛公隔几百米相望，可互壮声势，有人利；在财神庙旁边设钱庄，又有神利。

于是，清道光九年（1829年），乔家商业的第二个字号——复盛全钱庄，在第二代人手里诞生了。

这是乔家第二代人力挽"广盛公"濒临倒闭的狂澜，并成功地改组"复盛公"之后，又一件对乔家商业影响重大的举措。

"亮财主"出世

乔家的商业到第三代人时，更得到了长足的发展，进入鼎盛时期，成为中国清代屈指可数的商业巨族。把乔家商业推到这个地位的，便是乔家第三代人乔致庸，人称"亮财主"。

乔致庸是发迹始祖乔贵发第三子乔全美的儿子，出生于清嘉庆二十三年（1818年）。相传，乔致庸出生前，其父乔全美梦见一轮火球从天上落到他家的院子里，顿时火光四射，整个院子红彤彤，亮堂堂，晃得他连眼也睁不开，吓得他赶紧叫喊："着火了！"一觉醒来吓得他出了一身冷汗。不几天，便生下了乔致庸。

乔全美想到前两天的梦，又怀着自己对儿子的寄托，便给儿子取名为亮儿，寓"光大门庭"之意；取大名为"庸"，再嵌入这一辈人的"致"字，便是"致庸"，寓"得儒家中庸之道进而步入仕途"的意思。乔致庸是乔氏三堂"致"字辈最小的一个，三堂兄弟分别是：致祥、致远、致广、致中、致庸，连起来便是"祥远广中庸"。

这乔致庸也给父亲争气，不仅聪明好学，而且身子壮、个子高，长得颇为喜人。原来，乔全美是乔贵发的老生子，身子瘦弱。兄长们为了照顾好这个瘦弱的幼弟，挑起料理家务的担子，便给他娶了一位贤妻，勤劳又健康的普通人家的女子。俗话说，母壮儿肥，乔致庸既随了他母亲的健壮体质，又继承了父亲的聪明灵活。

乔全美早早地就让儿子识字读书上学堂，期望儿子来日显耀门庭。乔致庸也是一心一意读书，很小便中了秀才。他年少壮志，雄心勃勃地要走举人、进士的仕途。

可是，天命难违。不久长兄乔致广夭亡，使他成了"在中堂"一门的独子；他父亲本来瘦弱，经受不住这样的打击，也相继去世了，使他成了这一门的大梁。经过这样的变故，再加上他所处的地位，哪里还能专心致志读书穷经？于是，他不得不弃儒从商，去继承"在中堂"这一门的家业。

这时，乔家第二代人最年幼的乔全美一死，乔家三堂的商业就全落在第三代人的肩上了。年轻的乔致庸用健壮的身体、旺盛的精力和相当丰富的学识，走上了经商之路，开始与堂兄们共同料理乔家的商务。

重心向"在中堂"转移

乔致庸年轻时,乔氏三堂(德兴堂、宁守堂、在中堂)的势力数他的在中堂弱。这是排行最小、体质最弱、寿数也不长的乔全美留给儿子的摊子。可乔致庸年少志大:父亲在"全"字辈上落后,他偏要在"致"字辈上争先。所以,在他弃儒经商后,颇想在商业上有所作为,积极参与乔家的买卖事务。

老天爷也似乎成全乔致庸,在他熟悉买卖事务后有能力经营商业时,也就给了他机会。首先,他是"致"字辈的老小,胞兄和三个堂兄先他而去,使他很早成了乔家辈分最大的人,从而在乔家事务中处于领导的地位。其次,胞兄早亡无子,使他可能独得"在中堂"一门全部财力;而宁守堂却因有乔致远和乔致中两个儿子,财力一分为二,财势减弱,遇有投资机会难免丢失,明显不如他;德兴堂虽说也是独子继承,但地位又不如他优越。

所以,乔致庸既有雄才大略,又有用武之地,在商业上颇有作为。他相继独资或主持乔家开设了一系列字号:

咸丰年间，在祁县开设大德兴茶庄兼营汇兑业务。

同治三年（1864年），在包头开设复盛西当铺，资本六万两白银。

光绪三年（1877年），开设广顺恒钱庄，资本五万两白银。

光绪十年（1884年），改组大德兴茶庄为大德通票号，资本六万两白银。

光绪十年（1884年），开设大德恒票号，资本六万两白银。

光绪十三年（1887年）开设法中庸钱庄，资本三万两白银。

……

乔家的买卖字号在他手中繁衍发展，仿佛鸡下蛋、蛋生鸡一般，日积月累，日新月异，财运滚滚，财势赫赫，把一个普通财主，变成一个在全国屈指可数的豪门巨商！

"德兴堂""宁守堂"财势减弱

就在乔致庸振兴"在中堂"商业的时候，大门"德兴堂"和二门"宁守堂"的商业却相形见绌。

大门德兴堂财势减弱的主要原因是缺人：一是人丁不旺，从全德往下多是独子，甚至是过继子。二是没人才，因是独子或过继子，往往娇生惯养，长大后难成气候。

二门宁守堂财势减弱的主要原因：一是人多，在第三代"致"字辈上，乔致远和乔致中一分为二，各占二分之一财力，明显不如大门和三门的独子继承。在第四代上继续分家，财力继续减弱……二是子弟们倾向仕途。二门宁守堂的后人多注重仕途，不热心商业，所以留下许多"父子同科""甥舅同举"的佳话，却忽视了商业的发展，不仅开设（或入股）的商业字号少了，而且对这些字号又经营不善，抗不住经济风潮和政治动荡的冲击，常有赔钱的买卖字号。仅第四代乔超五（保元堂）的字号大德隆亏赔，就损失四十多万两白银！

扩建宅院的周折

乔家大院规模宏大，结构精巧，雕木刻石，画柱绘梁，给人一种富丽堂皇财势赫赫的感觉。这座连为一体的城堡式建筑，由两座楼六个大院、三百一十三间房屋和若干更楼、阁楼组成。修建这个大院不知道雇了多少能工巧匠，用了多少砖木石料——不过，这些有银子就能办到。

修建大院最难的是：一个院子需分几步修成，这么大的建筑群，又位于村中央，除了老院外，其他五个院的地基上原来分明是住有人家的，而且还有街道！要从别人手里买得地基，要从全村人手里买得街道，谈何容易！

当初，乔致庸的买卖兴旺，财运亨通，人丁也很兴旺：他生了六个儿子。这一个老院无论如何也容不下这么多儿子在这里繁衍生息，增建宅院势在必行。

如何增建？一是和宁守堂一样，另买地皮盖院，让六个儿子分门另过；一是向原来老院的四周扩建，与老院连成一体。鉴于二门宁守堂一支因分家另过致使财力分散财势减弱的现实教训，考虑"在中堂"商业的发展，他否定了第一种增建法，决意扩建。但这就加大了难度，第一种情况是"哪儿卖，我就买"。你卖我买，天经地义，比较容易实施。第二种情况是"我欲买，请你卖"。不管人家想不想卖，只是想买，这就难了，周折也就多了。

起先，乔致庸想买老院西边的一处地皮（现在的二院）。这家人贫寒，房屋破旧，乔致庸以为多花银子就可成事。可请说和人去说，人家不卖。再去说："多给银子。"人家更不卖！三去说："多多给银子。"人家火了："他亮财主有钱就咋啦？就逼得我卖房卖地！我不卖！他有他的银子，我不要；我有我的房子，他也休想要；咱井水不犯河水！"

说和不成，乔致庸只得叹气："唉！有钱能通神，有钱能使鬼推磨，可是我有钱难买'不卖'呀！"此事只得作罢。

俗话说，谋事在人，成事在天。想不到老天成全乔致庸：时隔不久，这家人偏偏出了人命官司！人命关天，不可等闲视之。官司打来打去，这家人眼看就要输了……万般无奈，为了赢这场官司，只得上门求告"在中堂"。这时候，乔家在中堂财势赫赫，与官府来往密切。于是，就帮着这家人打赢了这场人命官司。这家人为感激乔致庸的人情，才把这块地皮卖给了在中堂。

后来，乔致庸又把老院东侧的一座小院儿高价买为己有，准备建房，可就在这座院子南面，有一座小三官庙，影响乔家的房子连成一体。这是乔家堡村八社之一的堡门所供的神庙，要占有这块地方得牵涉堡门社的许多王姓家族。这时候，堡门社的王姓家族势力不大，庙也破旧，经一番协商，乔家便把庙拆了，把这块地方据为己有，答应日后给王姓家族另盖三官庙。乔家虽然答应给另修三官庙，但这么做损害了堡门社王姓家族的尊严，又拖延了些时日，堡门社的人便有了些怨言。这时恰逢王姓家族的猪六儿从北京镖局回来，他年轻气盛，又有一身武功，一听本家们的怨言，便拍案而起："他乔致庸要仗势欺人，不给咱们快些儿修三官庙，我就一镖要了他的命！"说罢，独自去了在中堂大门上高声叫喊："你们告给乔致庸，他要仗势欺人，不快些给我们堡门社修三官庙，我就一镖要了他的命！"

猪六儿的言行传到乔致庸耳朵里，他不免有些惊讶，又有些恼火，他寻思：这个猪六儿从小在外奔江湖，有一身武功，又是个单身光棍汉，他如果真做出过激的行为来，他拿一条命顶了没事了，可乔家这么大的摊子，要没了他乔致庸，损失就不可估量呀！话说回来，若以乔家这么大的势力，先下手为强，暗中要了猪六儿的命，也不是难事；可乔家自始祖乔贵发发迹以来，祖辈父辈都是仁义财主，扬美名于乡里，他乔致庸岂能做这等不仁不义之事？罢罢罢！让他一步吧！

于是，财势赫赫的乔致庸没再同单身汉猪六儿较劲儿，倒是与堡门社的人及猪六儿心平气和地商量：在离原三官庙百米内的地方有乔家的一块地皮，也在堡门社的社区内，新建一座三官庙，立马动工。

乔致庸让了猪六儿一步，多出了些银子，才息了事，宁了人，换了堡门社的这块地皮（这块地皮就在乔家大院自大门往北约二十米的地段，尚有墙缝可稽考）。

再后来，东南院、西南院、新建的地皮，特别是占用街道的地皮，都颇费周折……既得花若干银子，又得费许多心血，经过漫长时间（扩建过程约五六十年），这才建成了今日的乔家大院。

左宗棠来乔家

光绪年间,清朝名臣左宗棠曾来过乔家大院一次。

此时,乔家开设的大德通和大德恒两大票号活跃于全国各地,资本雄厚,买卖兴隆,信誉卓著,不仅吸引了大批普通商务,而且吸引了各地官府。由于山西商人率先开办票号,经营汇兑业务,原先的税银和下拨军费银、赈灾银等,都由实物解送为汇票,纳入了山西人的票号业务里。这样,官府图个方便,票号图个汇水,官吏也可得些好处,互惠互利,久而久之,各地官府与山西票号便结成了相互依存的关系。

左宗棠任陕甘总督兼新疆督办时,便与乔家的票号结成了密切的关系:他所需军费,均由乔家的票号存取汇兑。当时,左宗棠平定西北,又设防俄国,耗费巨大。此时清朝财政已捉襟见肘,常常供不应求,而军情似火又不可等待,所以他常从乔家的票号借支透支。故此,对乔家颇有好感。

西北平定下来后,朝廷调离他回京任军机大臣,一路浩浩荡荡，凯旋而来，路上所需军费也由乔家的票号经营，恰好祁县位于川陕通往京城的官道上，乔家堡离官道也就是十五里地，所以左宗棠兴致勃勃地要绕道来乔家堡拜访乔东家。

乔致庸听说此事，自然欣喜，但他不熟悉朝廷礼仪，赶紧请来本家侄儿，宁守堂乔致远的二儿子乔超五商议。乔超五是位饱学之士，曾在天子脚下的直隶新城县当过五品知县，熟悉朝廷礼仪。于是乔致庸全权委之以任应酬事宜。

乔超五引经据典，精心筹划：洒扫庭堂，铺设红毯，乔家哪个有官衔的女人提茶倒水，哪个有身份的男人贴近陪侍，如何称呼，如何行礼，如何走，如何坐……经过一番忙碌，乔家人衣冠楚楚，小小心心，肃然恭候。

当浩浩荡荡的人马来到乔家堡时，乔家人老远就纷纷跪倒行礼；待轿子抬到乔家门口，近侍掀帘，左宗棠下来时，却是一身便装，没一点儿大臣派头！待人介绍亮财主乔致庸时，左宗棠不等乔致庸行礼开口，便握住乔致庸的手说："亮大哥，久仰了！"一个"亮大哥"叫得乔致庸瞠目结舌，半晌才说："不敢，不敢！左大人这样称呼，折煞小民了。"原来，左宗棠虽身居显赫，但他因是平民出身，生性朴素务实，又不太讲究虚荣。今日来乔家堡拜访乔东家，只是朋友往来，无心在此显耀自己，所以便装轻履，平易近人，尽量缩短与乔东家的距离。

在乔家正堂叙话时，左宗棠还不时地说些客气话：我左宗棠在西北有所作为，还仰仗亮大哥的票号支持呀等等。虽身为武将却不失君子儒雅之风。

此时，乔家刚修完院子，正要在大门前做个百寿图，便请左宗棠赐一副对子，给百寿图画龙点睛，左宗棠即兴挥笔：

损人欲以复天理，蓄道德而能文章。横额为：履和。

这副对联至今保存在乔家大院门前的百寿图上，让人想起乔家在一个世纪以前的赫赫威势。

李鸿章赠铜板门联

乔家大院的大门上有一副锃亮的铜板对联：子孙贤，族将大；兄弟睦，家之肥。笔调朴实温和，遣词大雅吉祥，文意含蓄深远。

相传，这副铜板门联为清朝总理兼北洋大臣李鸿章所赠，是乔家花了十万两白银换来的。

当时，李鸿章搞洋务，思想开放，意图学习大英帝国，以海军的强大来带动国家的富强，积极组建北洋舰队。但此时清朝经几次外患内乱，国库已经空虚，财政拮据，一时拿不出所需军费，李鸿章便通过民间渠道募捐筹款。当时山西票号已经垄断了整个中国的金融，山西商人之富也已名扬天下，李鸿章自然把手伸向了山西。此时也正是大德通、大德恒两大票号的极盛时期，乔家的这两大票号慨然应允，独家出资十万两白银，给李鸿章的北洋水师购买一艘军舰。

出手如此大方，李鸿章自然有感激之情，对这两个票号和山西乔家也就有了深刻印象，后经掌柜们和李鸿章的下僚一斡旋，李鸿章便欣然命笔题了这副对联，并让人制作于铜板之上，赠予乔家"在中堂"。

　　乔家自从创办票号以来，得到了结交官府的许多好处。乔致庸自然喜欢结交官府，壮大声势，促进买卖的发展。掌柜们把这副铜板对联送回来，说明缘由后，乔致庸不但没责备票号掌柜给他损失了十万两银子，还喜形于色，把对联品赏了一番后禁不住连声赞叹。有这样一位权倾朝廷的总理兼北洋大臣给他乔家"在中堂"赠联，是一件可以光耀门楣的大好事啊！银子是一般人能得到的有价之宝，这却是一般人不易得到的无价之宝啊！

亮财主求贤

乔家自发迹始祖乔贵发以来,代代传言后人:经商之道,必以选贤任能为首要。乔家后人铭记祖训,虽对各字号买卖放手不问,被称为甩手东家,却十分注重任用各号的大掌柜。自乔致庸以来乔家商业突飞猛进,更与他任人唯贤知人善任有关。

他任用阎维藩为大德通大掌柜便是一例。

光绪年间中期,票号林立,龙争虎斗,正是票号业兴盛、各家票号彼此竞争最激烈的时期,而要在竞争中处于不败之地,一要资本雄厚,二要人才优秀。乔家经过一百多年的商业积累,资本已是十分雄厚,占有明显优势。但经营票号业起步较晚,从光绪十年(1884年)正式成立大德通大德恒两个票号算起,比祁县最早的票号——合盛元票号晚四十七年。所以,票号内出类拔萃的人才不多。

此时,已经七十多岁的乔致庸壮心不已,对朝气蓬勃的票号业务倍加关注,意欲有一番作为。他有包头"复"字号给他积累的雄厚的资本,只是缺少像平遥日升昌创始人雷履泰那样的大才。平遥日升昌的李东家是个开小买卖铺的小财主，与他乔家比差得十万八千里！可自从任用雷履泰创设票号以来，日新月异，几十年间发展成为远近闻名的大财东！人才难得啊！

就在这时，他得到一封汉口的快信：有一位精明能干的"蔚长厚"票号福州分庄经理阎维藩辞职还乡，正在汉口受将军恩寿的接待，不日将还乡回祁……若东家有意思起用，须尽早决断……

乔致庸见此信喜出望外，此人正是自己需求的人才！当即吩咐次子乔景仪准备途中迎接，切不可让此人落入他家票号！

原来，这阎维藩是祁县下古县村人，自幼家境贫寒，念了几年书便辍学进了平遥蔚长厚票号当学徒。他天生聪明灵活，口齿伶俐，善于应付，又写得一手好字，再加勤劳肯干，深得掌柜赏识。经过一番磨炼后，便更加精明能干了。于是总号派他去福州分庄当经理。他去福州以后，积极拓展业务，结交官府，为蔚长厚赚了不少钱。

当时福州有一位年轻的武官恩寿与阎维藩交往密切，也给蔚长厚揽了不少买卖。阎维藩看出此人前程远大，恩寿也被阎维藩的经商才干折服，二人交情日厚，如同兄弟。

此时清朝政府腐败，贿赂公行，往往要花许多银子，才能得到升迁机会。恩寿因手头拮据，影响升迁，阎维藩慷慨地为他垫支了十万两银子。本来，阎维藩虽精明能干，却年轻资浅，来福州分庄任经理后，颇受年长的同事妒忌。这样一来，他们见有机可乘，便写信向总号告了阎维藩一状。

总号得知此事后，觉得这么大的事不与总号通气，不仅有越权之过，更有冒险之错：此事至少该给总号通报一声，而且，若恩寿还不了银子咋办？十万两，不是小数哪！于是派人来福州查处阎维藩。也是阎维藩福分大，恩寿造化大，恰巧这时期朝廷擢升恩寿为汉口将军的圣旨到了福州。顿时，恩寿在福州城名声大噪。大官便是大钱，"三年清知府，十万雪花银"，恩寿如今成了将军，乃是当朝一品二品的官衔，又大权在握，还怕还不了他蔚长厚的十万两银子吗？于是阎维藩被免于查处，继续留任福州分庄经理。

不几年，汉口将军便还了蔚长厚福州分庄的十万两银子。阎维藩觉得此事已了，想到当初差点被总号查处，便对蔚长厚没了感情，也打不起为蔚长厚卖力的信心，所以决计离开蔚长厚票号还乡另谋他途。

阎维藩还乡途经汉口时，恩寿念当初之恩，对他隆重接待，敲锣打鼓，仪仗旌旗，并马而行，称兄道弟，闹得汉口沸沸扬扬，各家票号无不知晓阎维藩的大名……于是，消息传到了千里之外的乔家在中堂。

乔景仪知道父亲的用意，备了八抬大轿，两班人马，前去子洪口迎接阎维藩。这子洪口为交通要道，是阎维藩回祁县老家的必经之路。一班人马在子洪口住了几天才等到阎维藩。

乔景仪向阎维藩说明来意和他父亲的殷勤之情，使阎维藩大为感动：乔家富甲三晋，财势赫赫，名声远扬，能对他如此礼遇，实在是三生有幸啊！说罢，乔景仪便请阎维藩乘坐八抬大轿，他自己则骑马驱驰左右！并说这是家父乔致庸的嘱咐。这更使阎维藩感动不已。但阎维藩也是知书识礼的人，乔家敬他是礼，他本人哪能让比他还大几岁的少东家骑马，而自己坐轿！但乔景仪谨遵父命，执意让他坐轿！最后，经一番你推我让，采取了个折中办法：阎维藩把衣帽置于轿里，算是代他本人坐轿，他则与少东家乔景仪并马而行。

这下可便宜了抬轿的，白吃了几天好吃的，到如今又是十六个轮换抬一座空轿！轿夫们脚下生风一般，比乔阎二人的马还走得快！

报信的早跑回乔家禀告了乔致庸。阎维藩来到乔家时，乔致庸备宴款待，极尽东家之谊。乔致庸见阎维藩举止有度，谈吐有节，精明中不失稳健，自信时不失谦逊。说起票号业务，更有真知灼见。再得知阎维藩年仅三十六岁，更使乔致庸赞不绝口：年轻有为呀！后生可畏呀！经济大才呀！其殷切之情如同刘备三请诸葛亮一般。

于是，年仅三十六岁的阎维藩出任了乔家大德恒票号的总号大掌柜！此时的乔家是祁县乃至整个山西屈指可数的财东之一，财势赫赫，远远超过了介休侯家，而且，大德恒也远比蔚长厚票号的资本雄厚。阎维藩看到乔家对他如此器重，再想想他在蔚长厚票号的情形，颇使他感激涕零。当即表示：为报知遇之恩，愿殚精竭虑，鞠躬尽瘁，为乔家的商业效犬马之劳！

此后，阎维藩主持大德恒票号二十六年！由于他身怀雄才大略，再加苦心经营，使大德恒业务日新月异。在他主持商务期间，每股分红（三年）在八千至一万两白银之间！中间连遭甲午战争、义和团运动、庚子事变、辛亥革命、军阀混战等诸多社会动荡，许多商家票号纷纷倒闭破产，而他主持的大德恒票号却因能采取及时的应变策略而安然渡过了这些险滩恶浪！阎维藩为乔家的商业立下了卓著的功勋！

乔致庸慧眼识人才一时传为美谈。

亮财主不做掘地三尺的买卖

乔家堡曾有一个"天德兴"木匠铺,这里聚集了祁县、平遥、文水一带出类拔萃的能工巧匠。生意兴隆,名气远扬,产品覆盖周围百十余里,甚至远销北京。它制作的耧、扇、犁做工精巧,实用性强,备受人们喜爱!它制作的家具更是用料考究,精雕细琢,成为有钱人家的抢手货。

这个木匠铺起初是由乔家在中堂的人一手操办的,却没有乔家在中堂的一股,股东都是大门德兴堂和二门宁守堂的后人。原来这里还有个传说。

乔致庸生有六个儿子,唯有二儿子乔景仪精明强干,善于经营商务。他脑子好,好胜心强,精力充沛,善于结交朋友。乔致庸看出他是个经商的好材料,但须磨炼,才可胜大任,便让他协助自己处理商务,以待他磨炼成熟后,再把在中堂的买卖事务交给他。于是,乔景仪便在父亲的指导下处理外边的买卖事务,俨然就是乔致庸的接班人。人们称乔致庸为"亮财主",称他为"务财主",把一老一少相提并论。

这个"天德兴"木匠铺是务财主乔景仪一手操办起来的，而且是在偶然的情况下操办起来的。

一日，务财主的轿车轴坏了，他让人把轿车拉到离乔家堡一里的瓦屋村配轴。瓦屋村有一个木匠叫杨德海，他手艺好，有些名气。一见面，杨德海赶紧打招呼："务财主有甚吩咐呢？"

务财主说："我的轿车轴儿坏了，你给我上一根，银子由你要，可是得给我闹好。"

杨德海说："没说的，保险叫你满意。"

过了两天，杨德海把轿车送回来了。务财主问："上好了？"

"上好了！有甚不合适你和我说吧！"杨德海自信心很足，说完，便回瓦屋村去了。

第二天务财主去祁县办事，对赶轿车的说："范头儿，把轿车儿套上牲口去祁县，咱们也试试杨德海的手艺。"

于是范头儿赶上轿车，拉上务财主往祁县走去。

刚走了一阵，只听得轿车轴儿"吱吱"地叫，牲口拉起来很吃力；再走一阵，还是"吱吱"地叫，木轮子一点儿也不磕碰①不活泛，牲口拉起来还是很吃力。务财主顿时火了：

"这是甚烂把式！我还特意嘱咐他一下，他还是给我上成这样！走！返回去找他杨德海算账！"

务财主返回乔家堡，吩咐范头儿去瓦屋村叫杨德海。

杨德海一来，务财主便板着脸，咄咄逼人地说："杨德海！你就是给我上的这轴儿？牲口拉上轿车儿就和拉犁车儿②一样重，我还特意嘱咐了你一回……"

得罪了务财主谁不害怕？站在一边的范头儿原以为杨德海会吓得惊慌失措呢！一看，却见杨德海面不改色心不慌，只听他问务财主："轿车儿走了多远呢？"

务财主说："快到小贾村了，一直是'吱吱'地叫，一点也不磕碰！"

"噢，原来是这样。好我的务财主，不走够那路程，就磕磕碰碰起来那还算把式吗？"杨德海笑了。

"那走多远就行了？"

"你去祁县吧！要走到小贾村的三眼桥③还不磕碰，你再寻我。"杨德海蛮有把握地说。

于是，务财主二次上祁县。出了小贾村，务财主和赶车的范头儿说："要到了三眼桥上还不磕碰，回去和他杨德海算总账。"

出了小贾村，离三眼桥还有二里路，轿车儿依然是"吱吱"地叫，务财主和范头儿都寻思：这回他杨德海可说走了嘴！

可是，快走近三眼桥时，木轮子突然可以磕碰了。"铿——铿——"走到桥上时，成了有节奏的磕碰，牲口拉着也轻快了！

"啊哟！杨德海说得一点儿也不差！"务财主笑着感叹地说："这杨德海还果真有两下子！"

务财主受其父亲的熏陶，颇有爱才之心，善于举贤任能。与杨德海打了这场交道，便觉得他是个人才，遂有爱惜之心。从祁县回来后，他对杨德海说："你有这等手艺，不用一个人干了。我给你一副本钱开个铺子吧！"杨德海正求之不得，自然应允。

可务财主回去和老父亲乔致庸一说，父亲却不同意："咱家不做那掘地三尺的买卖。"原来，乔致庸不仅是经商理财的高手，而且有一定的文化修养，很讲究积德行善，希图造福积寿于自己和整个家族。他认为开木匠铺，必然要砍伐许多树木，砍伐树木必然要掘地三尺刨树根。"掘地——绝地——断子孙"。他担心这样会给家族引来不祥，所以否决了儿子的想法。

老父亲乔致庸在乔家德高望重，一听父亲否决，务财主也不敢有二话了。但他已经许下杨德海了，不能食言失信呀！于是，他便和乔姓本家"德兴堂""保元堂"等筹划开办事宜。一个木匠铺也用不了多少银子，对乔氏这些巨族来说，乃是九牛一毛。所以，"天德兴"木匠铺由务财主操持，由"在中堂"以外的乔姓家族出银子，创办起来了。

注释

①木轮子左右磕碰，表明轴与车轮之间滑润，车子拉着轻便；若不磕碰则僵紧滞重。

②犁车儿，是放置犁耙等农具的车架，没有滚动装置，靠摩擦地面行进。

③小贾村位于乔家堡正西一里处，过去是乔家堡去祁县路过的一个村子，村西有一座三眼桥。

中国最大的胡麻油大战

务财主处理乔家事务，不甘心只守住父亲创下的基业，颇想有一番作为，所以积极进取，常与各号掌柜们筹划商务。

这一年他来到包头处理号务，听说包头一带胡麻油大丰收，这样胡麻油必然便宜，他便想把握住这次机会。此时乔家在包头经营粮油的通和店赵掌柜也想做一做"胡麻大丰收"买卖。所以在务财主的一手策划下，通和店便决定做胡麻油的霸盘生意——要把包头一带的胡麻油买绝，然后形成通和店的独家买卖，从而操纵垄断物价，谋取暴利。

于是，包头历史上甚至中国历史上最大的胡麻油霸盘生意开始了。

此时资本雄厚的大德通票号在包头设有分庄，务财主向大德通交代：通和店要做胡麻油霸盘，大德通要全力支持！

赵掌柜吩咐伙计们四处采购胡麻油。伙计们见粮油坊就进:"你家有多少胡麻油,我通和店全买了,银子去大德通支取。可说好了,不能再卖给别人!"此时,乔家在包头经商已有一百多年的历史了,以复盛公、复盛全、复盛西三大号为首的"复"字号店铺遍布各条街道,财雄包头,各家油房哪敢得罪!遂一个个关了门面,只管榨油。榨出油即刻送到通和店,再去大德通票号取银子,取上银子再进胡麻榨油……

不久,包头一带的胡麻油绝了,通和店的所有油篓、油罐、油箱、油柜都装得满满当当!

可是,有一家粮油店背后有归化城大商号支持,看见通和店要做霸盘生意便较上劲儿:你想买绝,我让你买个够!包头的胡麻油买绝以后,他们又用雄厚的财力从后套地区走黄河长途水运,继续给已经饱和的通和店输送胡麻油!务财主和赵掌柜看到情形出了意外,知道有实力雄厚的大字号支持那个粮油店,便另谋对策:论银子,大德通绰绰有余,别说买包头乃至后套地区的胡麻油,就是把整个中国的胡麻油买了也行!可是没地方装呀!思来想去,最后二人决定:缝羊皮为囊装油。蒙古地区羊皮多,可以缝制无数的羊皮囊,不怕装不下送来的胡麻油,另外,考虑包头一地已不可能卖掉这么多胡麻油,便计划走黄河水路运到山西,再陆运到河南等地卖!

于是，通和店在黄河边设场子收油，每收一囊，便缝好置于黄河中的木筏子上，几十囊为一筏子，上下捆绑圆木，中间夹住羊皮囊，浮于黄河之中，被称为羊皮筏子……包头有的是羊皮，黄河有的是水面，有多少油都能容下！胡麻油源源不断地向黄河边运来，装入羊皮囊，扔进黄河里。有些不知底细的人纷纷传说：通和店把收好的油倒进黄河里了！

装上若干羊皮筏子，便请上船工顺黄河往山西临县的碛口赶运，浩浩荡荡，十分壮观！因羊皮囊原本不是专门装油的，所以难免渗漏出来；再加上羊皮筏子不好赶运，包头至山西临县的黄河水道又难行，所以难免把羊皮囊碰破流出油来。于是，包头至山西临县碛口的黄河水面上，漂浮着闪闪发光的胡麻油，形成人们口头传下来的"黄河七百里一条线"的奇观！

由于这场胡麻油大战，通和店门前的街上，抛洒得到处是油，黄河边也抛洒得到处是油，包头人流传下来一条链子语[1]："十月的油，满街流！"

最后，乔家赢了这场胡麻油大战，把胡麻油买绝了。包头所有的油坊、油店统统关门了。通和店囤积居奇使得包头市面上没一家卖油的了！后来包头的老百姓连灯也不能点了！

这场胡麻油大战使包头一带的老百姓苦不堪言，满城怨气。在大战中败北的那家商号暗中资助地方乡绅和百姓向萨拉齐厅告发了乔家。

萨拉齐厅把通和店的赵掌柜和财东乔景仪传到了萨拉齐衙门。

务财主乔景仪进了萨拉齐衙门如入无人之境，昂首挺胸，不问安，不施礼，眼里根本没有萨拉齐厅的官员。他乔景仪财势赫赫，山西巡抚的衙门，他都可以随便进去，小小的萨拉齐厅算什么呢？再说，他认为清朝法律本来就没有几条关于商业的条文，更没有禁止买卖人闹霸盘的条文。民不犯法，官能奈何？

务财主的傲慢举止惹恼了萨拉齐厅的官员，他对务财主也不客气，指控了"把胡麻油倒进黄河""闹得百姓没油点灯……"务财主则根据清朝法律争辩："我犯了哪条戒律？哪条法律不让商家买胡麻油贩运？……"

权对财，硬碰硬，二人在公堂内外瞪眼拍案，愈辩愈僵，愈辩愈闹得官员下不了台。这个被称为"二府"的官员恼羞成怒，面露杀机，便要来个先斩后奏。他一把抓住公案就要推翻。务财主知道"二府"的用意，便也手抓公案扶住，冷笑说："你不用来这一套，我知道你要做甚——哼！山西巡抚衙门里见！"②

务财主机警，免了这公堂的一死，但他知道萨拉齐厅想杀他，老百姓和地方乡绅对他有怨气，那家败于他手下的商号也对他怀恨在心……他觉得周围杀机四伏，便想寻思个脱身之计。为防止追赶，他不走老路而是南渡黄河进了鄂尔多斯地区，然后再东渡黄河进入山西境内。一路上只有一个跟班老王相陪，再加黑夜行路，人生地不熟，吃了许多苦头，才算逃回了山西祁县乔家堡。这下，务财主才松了一口气。

以后，与他同患难的老王头得到了厚赏；驮他千里奔驰的沙力兔马也成了乔家的功臣，成了乔家马棚里的大王：不干活儿，不戴笼头，每日只是吃着草料。

当时，萨拉齐厅属山西巡抚管辖，于是官司移到了太原的巡抚衙门。这里有乔家的人情，又收受了厚礼，乔家便占了上风。但对方上告到京城，说办案的人受了贿赂；前后连续换了两个府官，官司也闹不出个结果。最后便把官司打到了京城，务财主也跟着去了京城。

天子脚下的京城也有乔家的人情：京师九门提督马玉昆是务财主的结拜兄弟，他是能在太后面前说上话的人。

这日，马玉昆领务财主进了皇宫。他临上朝前安顿务财主在他临时歇息的屋里坐着别乱动，等他上朝归来。务财主坐了许久不见马玉昆回来，便有些不耐烦。他见院子里静寂无人，便信步出了马玉昆的屋子来到院里散步。谁想务财主刚出门几步，"咔嚓"一声！他的人头落地了！

原来皇宫里遍布暗哨，务财主没有穿着朝服，人们也不认识他，暗哨把他当刺客斩了……

待马玉昆下了朝知道此事，赶快奏请皇太后……但已经无法补救了。皇上特旨：可用三十二抬龙杠官罩，把务财主抬出皇宫京城返回故里祁县安葬。马玉昆便安顿了三十二抬两班人马，千里迢迢，把务财主抬回祁县安葬……务财主死了，这个官司也不了了之了。

在这场胡麻油大战中，乔家动用了几十万两银子，仅乔家包头的通和店就赔了三万两银子！而在随后的打官司中，乔家破费的银子就更多！有人说花的银元宝若一步摆一个，能从祁县乔家堡铺到北京城！不但如此，还把少东家务财主的命也搭进去了……

注释

①链子语，即顺口溜。

②清律：在衙门里扰乱公堂掀翻公案者可就地正法，先斩后奏。"二府"这样做是想诬陷务财主，置其于死地。

"马狗"掌柜

乔家在包头的复盛西字号有一个下属的粮店,被人称为复盛西粮店。与乔家的钱庄、票号和当铺相比,伙计们在这里多是干些粗活儿、累活儿。所以掌柜的多把文化水平低的人安置在这个粮店。

这个粮店属复盛西管辖,没有独立的财权和账务,也没有分红的权力,和复盛西总号吃着大锅饭。经营这个粮店的小掌柜也只顶着三二厘生意,待遇低,在复盛西号里也没甚地位。一个名叫马荀的小掌柜管着一班子文盲伙计,店里只有一个记流水账的小先生识几个字。

可是,这马荀虽不识字,却很吃苦。多年从事粮店生意,也有些道行,把个粮店管理得生意兴隆,很有信誉,一个账期下来,也赚了不少钱。相反,复盛西总号的一班人虽有些文化,却好吃懒做,吃不得苦,受不了累,因此连续两三个账期都是赔钱,反倒得拿粮店赚的钱给他们补窟窿。这样,总号的人虽然赔钱,却待遇好,地位高;而粮店的伙计们虽然比总号赚钱,却反而不如他们待遇好。

于是，粮店的伙计们颇有怨言，对马荀发牢骚："马头儿！我们跟上你尽是白受苦给人补黑窟窿呢！人家赚不上钱也要分红，咱们赚了钱倒让人家去分。咋啦？咱们是小婆姨养的？"

事情不公平，众人有眼，马荀心里也有本账。他虽不识字，但算账却是一把手，口算心算，有时比算盘还算得准。他也早有怨气，经伙计们这么一说，心里的怨气更大了。但他毕竟是个小头头，不能发牢骚，得想办法！经过一番深思熟虑，马荀下了决心："伙计们，我今年该回家探亲了，我要乘这机会去见乔东家说明情况。要能说成，我就回来把粮店和总号分开，咱们单独干！要说不成，这个饭碗也就搞砸了，我就不回包头来了。"

谁不知道老东家雄才大略，在人们心中有很大的威望！连三大老字号的大掌柜都怕见他说漏了嘴，办错了事，丢了饭碗。马荀一个文盲，粮店小掌柜，能在乔东家跟前说上话吗？他如果把心里的不平一说，必然得罪复盛西总号，若再得罪了乔老东家，他马荀还能在复字号干吗？

于是，马荀担一份心，伙计们也替他捏一把汗，他回到了祁县。

马荀是祁县姜堡人，姜堡离乔家堡不过五六里的路程。但他求见乔老东家心切，所以不先回家，径直去了乔家堡。

这时正是寒冬腊月,马荀不讲究打扮,身披一件白羊皮袄,又经长途旅行,浑身的尘土,到了乔家大院的门前被当作乞丐拦住了。

马荀无奈,便来了个应急法子,他告诉门房:"快去禀报老东家,就说一个马大掌柜从包头回来了,有急事要报!"

门房一听"马大掌柜",不敢无礼,急忙进去禀报。乔致庸一听"马大掌柜",笑了,还没人敢在他面前称"大掌柜",看看到底是谁吧!于是叫人放进了马荀。

乔致庸一见马荀披一件羊皮袄,浑身是土,又想刚才自称"马大掌柜",便知此人非比寻常:不是无赖,便是大贤!

这时候,马荀也豁出去了,见了威名赫赫的乔致庸一点也不胆怯。他思维敏捷,声音洪亮,吐字清楚,把复盛西总号与粮店的事情一五一十有板有眼地说给乔老东家,并表达了伙计们的强烈不满。

乔致庸是何等人物!见一面便知人三分,听一言,更知人五分。听了马荀的话,他认定此人是个人才。既是人才,他乔致庸岂有不用之理。乔家的买卖为甚兴旺呢?就是兴旺在他乔致庸慧眼识人才,用人才!

待马荀一说完,乔致庸心里便有了谱儿。他知晓眼前的马荀是位朴实无华而有真才实学的人才；又听说马荀不识字，更认为他是奇才；再听说马荀千里迢迢从包头回来探亲却尚未回家时，便想起大禹治水三过家门而不入的故事，对马荀更有了几分敬意。正是腊月快过年了，乔致庸吩咐家人："备一份厚礼，套上我的轿车，送马荀回姜堡！"这一下，闹得家人们好生奇怪：老东家怎么能对这么个人如此客气？马荀知道事情办成后，兴致勃勃风风光光地坐上亮财主的轿车回了家乡姜堡！

年前还有包头复字号的掌柜回祁县向乔致庸交账，乔致庸问清了复盛西总号与粮店的情况，知道马荀所言属实，便给掌柜们做了交代：给复盛西粮店一副独立的本钱，让马荀当大掌柜，全权独立处理粮店事宜……

过了年，马荀得到准信，再也无心歇息在家里，便提前回到包头主持粮店的买卖。

马荀成了大掌柜，常得签字。可他不识字，只得请大先生给他写上"马荀"二字，他再照猫画虎。这样就难免少胳膊缺腿，竟把"马荀"写成"马苟"！于是成了伙计们的笑话，戏称他为"马苟"掌柜。

但这位"马苟"掌柜有真本领，也有真德行，他主持复盛西粮店几十年，勤勤恳恳，苦心经营，给乔家送回了整车整车的银子，为乔家立下了汗马功劳！

马公甫身顶二股

乔家的商业字号一般是一个大掌柜主持一个字号的商务，身顶一个股子，一个账期下来和一个财股同等参与分红。大掌柜权力极大，收入也极高，能当上乔家商号的大掌柜，十分不容易。而马公甫不仅是乔家字号的大掌柜，而且是两个大字号的大掌柜！乔家在包头的三个大字号，就有两个由马公甫主持商务，他身兼复盛公和复盛西两大字号的大掌柜，身顶两个股子！

这实在是乔家字号中的一个特例，马公甫名震包头！但是，马公甫能有今天，第一靠本事，第二还得靠运气和遇见了乔致庸这样的东家。

马公甫是祁县马家堡人，当初在包头一个小杂货铺里当记账先生。他觉得水浅养不出大鱼，便瞅机会结识了复盛公字号的大掌柜，遂改换门庭，来到了大名鼎鼎的乔家复盛公字号里。大掌柜也赏识马公甫是个人才，意欲栽培，便安排他到账房里帮助记账。可是，账房里人手够了，不用他帮忙！当时，账房大先生身顶七八厘股子，在复盛公也有很大的权势。大掌柜无可奈何，只得对马公甫另行安排。可眼下复盛公一个萝卜一个坑，没有空位，便把马公甫闲置起来了。

这马公甫勤谨泼辣，又能屈能伸。他知道账房里不要他，便也不为难大掌柜，每日早起晚睡，干活十分勤快。他把长袍脱去了，换上了短袄，俨然就是复盛公的一个下等伙计。

寒来暑往，一晃就到了一个账期。复盛公一结账：经营情况良好，红利可观。于是大掌柜安排回祁县向乔东家交代事宜。

可是，掌柜们都慑于老东家乔致庸的威望，集体商议时谁也不敢回去交账，生怕被东家看出破绽，丢了丑，影响升迁。于是你推我让，大掌柜一时难以定夺人选。

不料，这件事在复盛公号内由上而下传开了："这么大的复盛公竟选不出一个敢见东家的人来！"

底下的伙计把消息传到马公甫耳朵里，马公甫便笑了："东家怕甚呢！咋就不敢见？"

"啊哟！你倒是口气不小，你知道东家亮财主是甚人？你敢去见？"伙计们取笑他。

马公甫却一本正经地说："见一见怕甚呢！"

"莫非你真敢去见？"

"嗯！只怕大掌柜不用我呢。要用我，我就敢去！"

这时，马公甫只是一个打杂活的下等伙计，他如此口出狂言，引得伙计们纷纷嘲笑他。于是，他的话又从下而上传到大掌柜耳朵里。

大掌柜正愁没人呢，便叫来马公甫说："你真敢去见东家？"待马公甫答应后，又与身顶五厘以上的掌柜们说："你们若都不去我可另派人选了！"

最后便选定了马公甫去见东家。马公甫在听了账房的情况介绍，准备启程回祁县时，问大掌柜："要是东家问我顶多少生意，我怎么回答？"

这一问，给大掌柜提了醒儿：是呀！买卖家历来没有让吃劳金的白身子小伙计去向东家交账的先例，不顶五厘以上生意，哪能见东家！这样做成何体统？他便告诉马公甫，若东家问，你就说顶五厘生意。

于是，马公甫起身回祁县。

马公甫本来精明能干，又通晓账务，平时也留心复盛公号里的事。所以，他见东家乔致庸时，不仅把手里的账务讲得一清二楚，而且东家问起复盛公的事来，他也应答如流，好像心里还有一本账！乔致庸见他虽然年轻，却思维敏捷，口齿伶俐，又不卑不亢，知道是个人才，便暗暗赏识。

这时候，马公甫本来已交账完毕，可他却又节外生枝，干涉起乔家的"内政"来，他说："乔老东家我还有话想说。复字号里自从乔、秦两位老东家创业以来，咱乔家之所以长盛不衰，秦家之所以日趋衰败，就在于咱乔家三辈子都有守德敬业之人。可是从老东家往下看，少东家贪图享乐，竟比奢华，而且随便干涉买卖！这样下去，若老东家百年之后则无人能任大命！望老东家念及祖宗创下的百年基业，严肃家政，教子弟们守德敬业……二少东家在包头任性闹霸盘，教训惨痛呀！"

一番话，揭到了乔致庸的短处、痛处，也说到了乔致庸的心坎里。若按常人看，此人竟敢干涉乔家内政，教训到乔致庸的头上来了，实在胆大包天，实在无礼！可乔致庸与常人不同，他时刻挂记乔家的昌盛，说话办事想问题，都要围绕他的家业。此人能替乔家考虑百世家业，足显其忠心和远见。乔家除了他乔致庸，没有第二人；掌柜里边除了这个马公甫，大概也没第二人……这样既忠心又有才干的人，难得啊！因此，乔致庸对马公甫不仅不恼，反而更刮目相看，更加器重。

他问马公甫顶几厘生意，马公甫便如大掌柜所嘱说："顶五厘生意。"

此时，复盛公大掌柜年龄不小，乔致庸正物色人选呢。

他觉得这个马公甫年轻有为,可堪此任……有意提拔他。便说:"你回去告大掌柜说给你加四厘,顶成九厘生意!"

顿时,马公甫受宠若惊:大掌柜刚给顶五厘生意,已是幸事,不到一个月东家又给加到九厘,实在是万幸啊!要按常规,他要顶上九厘生意,至少得熬二十年哪!

马公甫经过这次向东家交账被赏识,一下子便从白身子升到了九厘生意!这九厘生意不仅可以在收入上多分红利,而且意味着在权力上仅次于身顶一份股的大掌柜了。所以给包头复字号内留下了马公甫"一步登天"的佳话。

大掌柜本来赏识马公甫,再加自己年事已高,所以复盛公里的事十分倚重马公甫。马公甫便在复盛公里渐渐地管了事,掌了权。他不怕得罪人,严肃号规,整顿纪律,使复盛公面貌一新;他又懂业务,通账务,经营有方,把复盛公的买卖拓展到了一个新的高度。

大掌柜退休后,他理所当然地坐上了大掌柜的交椅。

再后来,因三大老号之一的复盛西连年亏赔,老东家又让马公甫兼了复盛西大掌柜!——三大"复"字号天长日久,有许多陈规陋俗束缚发展,正需马公甫这样年轻有为的掌柜大刀阔斧地革除弊端,弃旧图新!

从此,马公甫成了乔家字号里唯一的身顶二股的掌柜,为已有一百年历史的复字号的中兴立下了汗马功劳。

"先有复盛公,后有包头城"

"先有复盛公,后有包头城。"这是包头地区的一句民谚,既说明乔家的复盛公字号的历史久远,又说明了乔家商业对包头城发展的巨大影响。

当乔家发迹始祖乔贵发于乾隆初年来到包头经商时,包头仅仅是一个有几十户人家、三百多人口的塞外小村落。至乾隆二十二年(1757年)乔贵发创办广盛公字号时,包头发展到一千多人。到了嘉庆六年(1801年)年广盛公改组为复盛公时,包头又发展到四千多人。直到嘉庆十四年(1809年),随着商业的繁荣和人口的增多,包头才由"包头村"改为"包头镇"。这时候,乔家的商业已经在这里发展了五十多年了!到同治九年(1870年),大同总兵马升驻防包头时,修筑了周长八公里多、高约五米的城墙,包头才真正形成了一座城池。民国十五年(1926年),包头才与萨拉齐分治,成了包头县;民国二十六年(1937年),又升为包头市。

包头的发展壮大,完全由商业的发展促成,而复盛公为包头立足最早、持续时间最长、影响也最大的代表性字号,所以便有了那句民谚。

乔家的复盛公字号,无论是对一个家族的贡献,还是对一个城市的发展,或者是论它的持续时间之久(150年),繁荣兴盛的程度(先后在包头繁衍了十几个独立的分店),在中国商业史上都应该写上重重的一笔!

乔致庸赈灾

光绪二十五年（1899年）秋，天下大旱，秋粮减收大半。旱情一直持续到光绪二十六年（1900年）春播时节，一冬一春，仍是滴雨不下，整个北方地区寸草不生，赤地千里！这是百年不遇的大旱！

普通老百姓哪能受得住这么久的灾情！挨了一冬天饥饿的人们再也挺不住了：饿死者有之，沿街乞讨者有之，卖儿鬻女者有之……景象凄惶，惨不忍睹。

祁县一带虽然比较富足，能多忍耐一些时间，但也有许多穷人渐渐支持不住了。

乔致庸耳闻目睹严重灾情，遂记起祖父乔贵发曾嘱咐后人："咱乔家本是穷人，我从小因穷受人歧视。你们生在富门，身在福中，切不可富而忘本，为富不仁，歧视穷人。"又想到佛家曾传道于世人："救人一命，胜造七级浮屠。"乔致庸既铭记祖训，也留意佛法，他想，今日若能拯救万民于水火之中，岂不是留美名于世上，积功德于后的善举吗？

作为乔家商业鼎盛的缔造者,乔致庸并不单纯考虑行善积德。他办事总要三思而后行,以求一举多得。

他想,旱情这么严重,面积广,时间长,若春天播不下种,今年就得绝收,灾情就更严重。所以,赈灾不是三日两日的事,得有长久准备,得有足够的粮食。这些年家里开销太大,奢华之风已露端倪,这既浪费许多银子,又让饥民看了扎眼。须借赈灾之机,严肃家政,倡节俭之风。这么一来,家风正了,节省下的银子又可赈灾。乔致庸进一步又想道:古书上讲,灾年有变……穷则思变……而社会变乱的最大受害者就是富人……一旦饥民铤而走险打家劫舍,乔家将是首要的目标,那时损失的又何止这么点银子?恐怕还得搭上几条人命!

于是,乔致庸发话安排赈灾:一、本乔家堡的人,按人发给若干粮食;二、在本里的大街上安一口大锅舍粥,以应付外来的饥民;三、家中男女老少生活一切从简,一年内不准做新衣服,不准吃山珍海味。

此时,乔致庸已八十多岁高龄,为了搞好赈灾,他还穿着一身布衣衫,拄着拐棍去分粮舍粥的地方,亲自查看。他在分粮的地方嘱咐佣人说:"把斗子装得满一些!在中堂做好事,担上一分名儿,实际上只能比一分多,不能比一分少。分得粮食亏了,我给你们补;要分得多出来,我就砸你们的饭碗。"领粮的百姓听了,齐声喝彩;再看看亮财主一身布衣,更生敬重之情。

来到大街上舍粥的地方,他则坐在砖坡上监看,吩咐佣人们:"不要稀了,稠些儿!"坐得久了,到吃饭时间,他还要和饥民一起喝一碗大锅里的粥,算作一顿饭!

这样一来,灾民们对乔致庸赞不绝口:"这样的财主真是天上少有,地上难寻!"

确实,乔致庸的心胸眼光和智慧实在非常人能比。他生活的时代,正是中国封建社会资本主义商业得到长足发展的时期,正是乔家商业有了一定基础等待更大发展的时期……他的一切作为使得他乔致庸有条件把乔家的商业推进到登峰造极的鼎盛阶段。而他本人不仅儿孙满堂,有六个儿子十一个孙子,不仅有几百万乃至上千万两银子的家资,而且寿高几乎一个世纪——九十六岁(一说八十九岁)。

仅从这次赈灾,便足以看出乔致庸的宽厚大度、机智多能:既救了老百姓,整顿了家风,又扬了美名,利国利民利己,真可谓一举多得!不仅如此,还免了乔家的一次大灾难:据说,当时曾有一股四处流窜的土匪,来乔家堡转悠了好几天。本想抢劫在中堂,但他们不仅从在中堂的佣人中找不到一个内线,而且从整个村里都找不到一个内线做耳目！再加上慑于乔家在中堂森严的高墙壁垒和忠心耿耿的护院武士，这些土匪遂作罢而去……

亮财主尚俭

在中堂财势赫赫,可亮财主的生活却十分俭朴。他视家事如同国事,一生谨记"成由勤俭败由奢"的古训,经营着已有一百多年商史的家业。

祁县北边的清苑县是种菜之乡,此地黄瓜更是名扬天下,既好吃又上市早。早下来的黄瓜好吃,价格也高,普通人吃不起,只能卖给那些财主富户。这一年春,挑黄瓜的货郎来到乔家大门口,正赶上乔致庸在门口闲坐,货郎便问:"亮财主,吃些黄瓜吧?你看我这黄瓜早上刚从清苑担回来,嫩生生匀溜溜的,买些吧!"

亮财主看了看,说:"东西是好,价格太贵。咱家哪能现在就吃呢?等便宜了再说吧!你先给有钱人家送吧!"

一番话,说得货郎笑了:"哈哟!好我的亮财主!周围还有比你在中堂更有钱的人家吗?"不管货郎如何磨缠,亮财主就是不买。他只得挑起担子另寻买主。买卖虽做不成,但货郎暗暗佩服亮财主的节俭,常常与人们说:"怪不得人家在中堂有钱呢!人家家风正着呢!那么有钱,却过得那么仔细!"

亮财主不仅以身作则,还严格要求子孙节俭。他与儿孙们同桌吃饭时,看见孙子们把饭粒抛洒在桌子上,便让他们背唐诗:"锄禾日当午,汗滴禾下土。谁知盘中餐,粒粒皆辛苦。"然后让他们捡起来吃净。

饭后漱口时,他不像常人那样把漱口水吐出来,而是用茶水连漱口带喝!而且他还有道理:"口中食与肚中食一样,并不是秽物,吐了浪费,咽了无害。"老爷爷如此节俭,儿孙们也就不敢过于浪费。

每遇节俭的话题,亮财主便谆谆教导儿孙们:"没钱要节俭,有钱也不能浪费。与其白白浪费了,还不如救济了穷人积些功德,留个好名声。银钱也通人性,通神性,不能乱花乱用。人对它无理,它就会对人不逊。人敬它一寸,它敬人一尺;人若远它一尺,它会远人一丈!"

乔致庸的一番"银钱论",成熟的儿子辈听了顿开茅塞;幼稚的孙子辈听了,则像是听爷爷给他们讲一个奇怪故事……

庚子事变，高"诸葛"先知先觉

光绪二十六年（1900年），八国联军靠着洋枪洋炮打进北京城，反帝爱国的义和团运动爆发。顿时，繁花似锦的北京城陷入了兵燹之中。刀光剑影，枪声不断，地上是血，空中是火，一幅惨不忍睹的景象！这便是庚子事变！

在这场变乱中，由于八国联军的烧杀抢掠，局势的动荡不安，北京城的许多商号票号措手不及，损失惨重，纷纷倒闭破产。而乔家的大德通票号却安然无恙，处之泰然！待局势刚刚稳定下来，一些勉强生存下来的票号尚在喘息之时，大德通又先人一步积极开展业务，比变乱前更居于优先地位了！莫非他们发的是战争财吗？非也！乃在于大德通总经理高钰有远见卓识，能未雨绸缪！

原来，早在光绪二十五年（1899年）天下大旱粮食歉收，旱情一直持续到光绪二十六年春时，高钰看到灾情严重，饥民遍野，便觉得天下可能有变，而商家最怕变乱，所以他更留心时局的变化。不久，义和团运动炽燃，很快波及山东、河北等地，他更警觉起来，先是布置济南、天津分庄收缩业务，后又果断指令他们立即撤庄，人员暂住北京，现银运回祁县！

当大德通票号的现银一车一车地运往祁县时，济南、天津等地别家票号的现银却在愈来愈剧烈的社会变乱中损失了！

不久，八国联军兵至津门海上时，舆论普遍认为不可能打进北京城。即使打进北京城也未必抢劫商家，所以各家商号也不做准备。高钰却令大德通北京分庄收缩业务，积极收回贷款，将大部分现银运回祁县总号！后来，八国联军果然打进北京，而且烧杀掠抢，野蛮至极！此时，大德通因已先行一步避免了损失，别家票号则损失惨重。

事后，人们惊叹高钰是商界诸葛，料事如神。高钰究竟是何许人？原来高钰是祁县子洪镇人，自幼读书，聪明过人，颇受先生赏识。但因家贫，不能走仕途求显达之路，遂辍学进入乔家的大德兴茶庄当学徒。他有文化，懂礼节，会应对，又勤奋，颇受掌柜赏识。光绪十年（1884年），大德兴茶庄改组为大德通票号时，他当上了北京分号的经理。他在北京任上，善于结交王公大臣，揽了不少票号业务，成绩卓著。光绪二十年（1894年），年仅40岁的高钰被东家乔致庸赏识，擢升为大德通总号经理。因他有文化，有抱负，又常结交王公大臣，所以，虽身为大德通掌柜，却能胸怀天下大事，留意时局变化，从而审时度势，决定大德通票号业务进退和伸缩。因而才会使大德通票号在庚子事变的多事之秋，能如蛟龙戏水般潇洒自如地渡过。

其后，西太后驾崩时，本来清朝江山已岌岌可危，腐朽的王室却拥立了一个不谙世事的小儿做皇帝！高钰分析天下形势，便觉出清王朝危在旦夕。此时革命党人在湖广江浙一带活动频繁，南方革命势力日盛，他便觉得革命党可能效法朱元璋，从南方起事。所以指示汉口等南方分庄收缩业务，警惕时局变化。后来，果然如他所料：武昌爆发了辛亥革命。

又一场社会大动荡，又一批商号票号倒闭破产，而大德通却仍是泰然自若，任凭风浪起，稳坐钓鱼船！

高钰终生在乔家的大德通票号（前身为大德兴茶庄）效力，主持大德通票号事务达二十五年之久。由于他精心运筹，经营有方，大德通成为中国票号中经营状况最好的票号之一，每股分红曾达到一万七千两银子！又是生命力最顽强的票号之一：辛亥革命后，全国绝大部分票号纷纷倒闭，它却仍然在社会动荡和军阀混战的缝隙中顽强生存，一直坚持着……

中国第一任银行行长

中国历史上第一个官办银行是大清户部银行,创办于光绪三十一年(1905年),后于光绪三十四年(1908年)改组为"大清银行"。大清银行的具体创办者、第一任银行行长叫贾继英。这位中国第一任银行行长就是由乔家的大德恒票号培养出来的。

贾继英是山西榆次六堡村人,从小受到父亲的启蒙教育,再入私塾念书,学得不少知识。但家境贫寒,无法继续读书,遂经人推荐进了大德恒票号当学徒。他有文化,有见识,又办事干练,颇受掌柜赏识。当时阎维藩主持大德恒号事,知贾继英是个人才,便着意培养,破格擢升为大德恒太原分庄经理。贾继英年轻有为,积极拓展业务,使大德恒在太原颇有声望。

时遇庚子事变,八国联军打进北京,西太后携皇宫一班人仓促西逃。因河北等地连续大旱,赤地千里,再加上这一带的义和团运动,官僚机构瘫痪,西太后一路上十分狼狈,连吃一个鸡蛋都得费好大的劲儿才能找到。这位极尊贵的皇太后备尝逃难之苦！一直来到山西太原，西太后一行才算安定下来，小住些日子。

因走得匆忙，没带多少盘缠，而皇室一行几千人还要去西安，路途遥远，开支浩大！不得已她让近臣向山西巡抚筹措银两，山西巡抚和近臣又召集太原各大商号票号的掌柜宣谕太后圣旨，筹措银子。

此时，时局不定，清朝江山岌岌可危。许多老掌柜算谋着"君子不立于危墙之下"，担心西太后有借无还，于是纷纷退缩，而把年仅二十五岁的大德恒太原分庄经理贾继英推到前面，并纷纷恭维贾继英和大德恒。

贾继英揣摩到了那些老掌柜们的用意，但他想的却是：清朝江山虽然岌岌可危，但断不会马上就倒，八国联军虽凶但也不至于把清江山推翻，既然清王朝倒不了，堂堂皇室朝廷也就不会欠下老百姓的银子。退一步说，万一清江山倒了，覆巢之下无完卵，与朝廷官府互为依存的山西票号也得倒闭，既然如此，此时朝廷伸手向各家商号借银子，非但不能缩头缩尾，反而应该大大方方才对。这也是树立票号商号信誉千载难逢的好机会！

于是，贾继英代表各号掌柜，从从容容地站到最前面，向太后近臣和山西巡抚自报家门："我是祁县乔家大德恒票号太原分庄主事的贾继英。自古道，天下兴亡，匹夫有责。

今日朝廷有难，皇室出行略有拮据，我们票号理应全力效忠。不知需要多少银子？"西太后近臣和山西巡抚一听贾继英的话，喜出望外！再看看贾继英年纪轻轻，更对他刮目相看。

巡抚和近臣商议了一下说："太后一行几千人，路途遥远，开支浩大，请各字号筹措，须凑够三十万两银子才好。"

贾继英转身问各号掌柜："诸位，意下如何？"这些掌柜吞吞吐吐，彼此推让，谁也不先开口。

贾继英早有主意，见状便大声说："既然诸位有难处，这三十万两银子我大德恒包了！"

听了这话，各字号掌柜都惊呆了。他们以为贾继英疯了，近臣和巡抚欣喜若狂，总算把太后的旨意完成了！

答应了这三十万两银子后，贾继英又跟了一句话："太后西行的路费由我大德恒支垫；太后西行若有税赋收入，还请能允许我大德恒经营。"

近臣答应奏请太后恩准。

不久，西太后从太原动身，路经祁县县城时，又在大德恒总号内设临时行宫。行宫内地铺红毯，屋挂锦缎，美酒佳肴，山珍海味，其排场几乎像北京的皇宫一般！在小小的县城内能享受到如此待遇，西太后十分惊喜，她对山西票号留下了极深的印象。

此后,西太后在西安住了一年,赋税收入都由大德恒经管。大德恒俨然成了清朝廷的临时府库!那借出的三十万两银子不仅如数收回,而且还从经管赋税业务中赚了一大笔钱!

贾继英此举深受大德恒总号经理阎维藩赞赏:"古人说,五百年必有王者兴;我说,一千年也出不了个贾继英。奇才!千古奇才!"

一年以后,庚子事变平息,西太后回到北京。待把紊乱了一年的朝政理顺后,她又想起了山西票号,想起了大德恒:一个普通民间票号有那么大的财力和气魄!一句话,三十万两银子就凑齐了,就能供应皇室几千人几千里地的路费!她对票号发生了兴趣,遂有开设官办票号之意。由于当初在太原时贾继英的突出表现,其后又经过一年多的往来,太后近臣与贾继英关系密切,交情深厚,太后本人也对贾继英有了良好印象。所以,西太后筹办票号意欲起用贾继英。

她下旨召见贾继英。在朝上,西太后说:"去年你那票号垫支皇上西巡之费用,忠心可嘉,我该替皇上谢你。你想做官,还是想经商?"

贾继英说了一番从近臣那里学来的宫廷客套话后,便说:"做官,我怕不是那样的料;经商,我倒是得心应手。"

西太后便说:"那我给你个差事吧,既是做官,又是经商。"

于是,西太后下旨,授贾继英官品,并赏了他半副銮驾,让他筹办大清户部银行。贾继英从此脱离了乔家的大德恒票号,一下子成了大清朝的户部银行行长!成了西太后的红人!他乘坐西太后赏赐的半副銮驾风风光光地从北京回到了老家榆次六堡,真是衣锦还乡了。

回到榆次后,贾继英在榆次城内置买了整整一条街的房子,并请西太后赐名为"寿安里",榆次便有了一条独一无二的以"里"做街名的街道。

光绪三十一年(1905年),户部银行成立开张,贾继英任行长;光绪三十四年(1908年)又改组为"大清银行",贾继英继续任行长。

其后,由于辛亥革命,大清银行倒闭。但贾继英名震天下,才冠商界,阎锡山又任他为晋胜银行行长等职,他成为山西土皇帝阎锡山理财的得力助手。

森严的家规礼教

乔致庸为了维持在中堂的长盛不衰，不仅在外选贤任能，起用了一批出类拔萃的经商能手，开创了在中堂的商业鼎盛局面；而且在内整肃家风，严管子弟，制定了一套森严的家规礼教，形成了"人人都受家族福荫，人人都为家族尽力"的家治局面。

乔致庸安排子女婚配，也根据家族利益取舍。在中堂多结交富门望族为亲家，祁县渠家和何家、太谷曹家、榆次常家等豪门巨族都与乔家有姻亲关系，通过婚姻彼此形成了坚固森严的关系网络。而乔家的子女们也为此付出了极大的代价。

乔致庸的长孙女许配给祁县城内何家做媳妇时，男人原本是个将死的病夫，何家想借婚姻冲冲喜，救活儿子。但长孙女嫁到何家后还没见过男人一次面，这个男人就死了。就这样，这个长孙女仍然为这个没见过面的男人守了一辈子寡！为了维系乔何两个大家族的利益关系，她牺牲了自己的青春年华，甚至生命！

乔致庸还禁止乔家的男子纳妾。以乔家之富,男人娶个三房四妾,根本算不了什么。但乔致庸深谋远虑,一怕亏耗子弟的身子,损了寿命;二怕引起女人们争风吃醋,坏了门风;三怕子孙嫡贵庶亲,不能和睦相处。而且娶小老婆只能从贫穷人家娶,给乔家带不来任何利益。

四孙乔映奎尽管膝下无儿,也不敢纳妾。直到乔致庸死后,乔映奎成了乔家的当家人时,他仍然不敢违背祖训娶小。

乔致庸也不让家里用丫鬟,伺候姑娘的佣人只能用老妈子。丫鬟们肯定是低眉顺眼,有几分姿色的;既有姿色,就难免引得少东家们动情乃至动手。这样一来,若主仆成亲,与乔家无利;若把丫鬟打发走,又会招来骂名。所以,乔致庸根本不让乔家大院里出现外姓的年轻姑娘。

乔致庸还规定不准打骂、虐待佣人。乔家的佣人虽然地位低贱,却受主人善待,而且待遇较高。对此,乔致庸也用心良苦:打骂佣人,既会惯得少东家们任性无礼,走上歪路,又会引发佣人的怨恨。他对《三国演义》中太师董承因得罪佣人而使自己成为曹操刀下之鬼的故事刻骨铭心:一个小小的佣人能把一个堂堂的太师送上断头台!

乔家对佣人厚道,当然也换得了佣人对乔家的忠心耿耿。

空前排场的丧事

光绪三十三年（1907年）二月，活了九十六岁（一说八十九岁）的乔致庸寿终正寝。

乔致庸作为乔家在中堂鼎盛局面的开创者，不仅深受乔家子弟们的尊敬和爱戴，也深受各号掌柜们的尊敬和爱戴。所以，乔家内外一心，要给这位乔家商业的鼎盛之祖体体面面地办好丧事！此时，乔家的商业尚在兴盛时期，经济上绰绰有余；乔家的亲朋好友，不仅遍布祁县、太谷、榆次等地，而且远达北京的王公大臣，礼节上也该铺排一番。

因到了乔致庸这一辈上需采新坟，乔家便请一位颇有声望的河南阴阳先生点穴。

这位阴阳先生来到乔家一看，知道遇上了大户，可以挣一笔可观的银子，但也得下一番功夫。他在几个人陪同下，开始在乔家堡四处转悠，寻找风水宝地。为了使主人信服，他还不时露一手。

当行至村东的"杨树地"时，阴阳先生指着一个墓堆说:"这一家人占一根'玉带',可惜是根假玉带。"厮跟的人问其究竟,方知玉带指帝王将相,假玉带指戏班中扮演帝王将相的红角儿。于是人们对阴阳先生刮目相看了。原来,这是程家的一座坟墓。此时,正有一位程家的后人在新疆唱戏,正是唱红角儿的!

当行至村南的"柏叶坟"时,阴阳先生惊叹:"这儿正是块风水宝地!可惜,穴点得差了三尺。若能坐后(一说法坐前)三尺,便是人旺财旺。可惜现在这家人不是过继子便是螟蛉子①。"原来,这柏叶坟里埋的是乔贵发长门德兴堂的后人,德兴堂果然缺子,正过继了一个二门宁守堂的后人!厮跟的人啧啧称奇。

阴阳先生露了两手之后,才在村南的"良化地"给乔致庸采了坟,占了穴,说这里人财两旺。

于是,浩大的阴宅工程开始了,良化地里开始破土动工。工程浩大,金子银子散发而去,能工巧匠会聚而来。本来仅乔致庸的墓穴就够排场了,费工耗时;而在他之前已死了五个儿子和六个妻子,都是临时寄埋的,现在都得和乔致庸一起正式入葬,工程就更大了。阴宅工程施工半年之久才算完工。

工程拖了半年,乔致庸的尸体也停了半年。为了防止腐烂,人们在柏木棺材里刷上几道生漆,使其不渗水不透气,然后底下铺上松香,放上麝香。盖好棺木后,再进行一番密封:棺木四周刷一层胶水,裹一层绸,再刷一层生漆……三层胶水,三层曲绸,三层生漆!

最后,于九月二十七日开始吊孝。乔家大院里搭棚起灶,吹吹打打,热闹非凡。内有众多的本家子弟,外有庞大的亲戚网络;近有几十里的县吏,远有上千里的京官;还有遍布大半个中国的各号掌柜……吊孝者络绎不绝,一直持续了四十八天!

到了发丧的这一天,乔家堡整个村庄好像挂了孝一般,几乎满街都是孝棚,几乎每人都着孝袍!连乔家堡周围几十里的人都纷纷赶来观看!

起灵之后,浩浩荡荡的发丧队伍绕村里的主要街道走了一圈,然后走向墓地。当前头的队伍已走到墓地时,后面的人还站在乔家大院里没动步子呢!眼观之,庞大的吊丧队伍像一条有头无尾的白龙;耳闻之,哭声吼声吹奏声响彻整个村庄的上空……

这番丧事费时之长,排场之大,耗银之巨,在民间几乎空前绝后!

注释

①过继子指从本家中要来的儿子;螟蛉子指从别人家买来的儿子。

乔映霞当家图新

乔致庸死后，儿子辈仅剩三子景俨，由他来当家本是顺理成章的事。但因景俨性格内向，柔有余而刚不足，乔致庸当家时一直没有委以重任，而他也对乔家的商务不大关心，所以乔致庸死后偌大的一个摊子，他难当其任。

其实，乔致庸活着时也没打算自己百年之后安排他当家。自从二子乔景仪死后，乔致庸已对儿子辈不抱希望，而开始从孙子辈中寻找接班人。此时，长孙乔映霞（小名成义子）秉性随了他父亲乔景仪，脑子灵活，个性要强，并知书达理，所以被乔致庸看上了。于是，他生前一方面对乔映霞严加教育，一方面也放手让他出动料理商务，磨炼才干。此事有目共睹，乔映霞本人心里也清楚。十一个孙子辈中有两个与乔致庸关系特殊，十少乔映南最受祖父溺爱，大少乔映霞则最受祖父看重。

但乔致庸毕竟不能像皇帝一般堂而皇之地传位于长孙，乔家还有一个"景"字辈的人，所以长孙乔映霞不能放手管事，三子乔景俨也不能随意主政，乔家就这样过渡了几年。直到民国初年乔景俨死后,大少乔映霞才算真正当了家。

乔映霞有文化,留心国家大事,思想进步,早年倾慕康梁维新党,后来仰慕孙中山,还在天津入过同盟会。他当家时,正赶上辛亥革命爆发,于是,他积极响应,颇有些作为。

他在祁县一带率先剪掉清朝子民的长辫子,又率先脱掉长袍马褂,穿上了洋装,开祁县一带风水之先。他凭着在中堂的影响和大少的地位,推动、影响了祁县一带的国民觉醒进程。由此,他被人们称为"洋大少",他的行为则被人们编成链子语——"成义子,穿的洋袄洋裤子,裤子上缀的洋扣子,尿尿不用解裤子。"至今,乔家堡年长的人对这位洋大少的行为都津津乐道。

乔映霞还在祁县一带村里开了破除迷信拆毁神庙的先例。他带人把乔家堡村西的大寺拆掉,并在原址上钉了木桩,准备修建纺织厂(可惜后来没有修成)。又带人把村西边菩萨庙里的神像泥胎扳倒了,为学堂扩大校舍……

乔映霞年轻气盛,把乔家堡的庙宇拆得仅剩下村东的关帝庙了。下一步,他计划把乔家堡大街上的乐台[①]拆掉以后再拆关帝庙。可就在他带一班人拆台时,刚拆了一块大角石后,就看见乐台上出现一个红脸大汉向他瞪眼,乔映霞大吃一惊，一问别人却甚也没看见！他给人一讲，人们都害怕了："是不是关老爷显灵了？大少爷快不敢拆了！"于是，乐台不拆了，把拆下来的一块大角石重新装好；至于唯一剩下的关帝庙，就更不敢拆了。

乔映霞拆泥胎，拆庙宇，破除迷信，讲新学，也在村里留下了链子语："大神神扔进壕子，小神神扔进茅子。"

在辛亥革命的大变革中，新旧政权交替，一些邪恶的势力乘机泛起，地方治安很差。乔映霞意欲造福一方，遂出资在乔家堡设立治安局，以维持地方治安。他从天津进了十支毛瑟枪，从本村雇用了六十多个人，统一着装，俨然是一支革命武装。周围村庄哪里有事，他便带着队伍雄赳赳地开拔而去，这些局子里的人洋装洋枪，跟上乔映霞煞是威风！

乔映霞借辛亥革命的东风，在乔家堡，乃至乔家堡村的周围，颇有些影响；在中堂的家风也为之一新！

注释

①乐台，即戏台。

"洋大少"的童子军

乔映霞思想开放，着洋装洋服，积极传播西洋文化，在乔家"映"字辈上他又排行老大，遂被乔家堡的人称为"洋大少"。

这位洋大少喜欢开风气之先，在乔家堡组建了祁县第一支"童子军"。他出资从天津购进童子军军装，把乔家堡学堂里的学生"武装"了起来，并配有洋鼓洋号。每逢村里有重大事情，或在中堂有红白喜事，这支童子军便雄赳赳气昂昂地出现在场面上，着洋装，打洋鼓，吹洋号，让人既感到风光体面稀罕，又感到一个全新时代的来临。此事在祁县独一无二，成为祁县在民国初年的一大独特而新鲜的景观。

禁毒出了人命案

民国初，祁县一带赌风毒瘾颇盛，百姓受害不浅，乔映霞欲造福一方，遂把禁赌禁毒作为治安局的两大任务。哪里出现赌局，哪里出现毒品，乔映霞便带领队伍出现在哪里。于是，乔家堡周围赌风毒品销声匿迹，百姓称快，乔映霞受到称赞，积极性更大，管辖的范围也更宽。

一日，他听说离乔家堡十五里的北村有大片的罂粟烟苗，便带上队伍去了。往常禁毒，烟民哪敢违抗。可这北村属太谷管辖，按理不应由祁县的人来管，所以烟民们抗拒乔映霞的命令。村子大，烟民多，与乔映霞的治安队伍对峙起来：一方人少却拿着毛瑟枪，要铲苗；另一方人多扛着锄耙锹镢，护着苗。

乔映霞年轻气盛加上财大气粗，岂肯轻易罢手。对峙中，他想吓唬烟民，遂开枪示警。不料，枪走了准儿，把一个烟民打死了！乔映霞知道失了手，也没了办法，便在队伍的簇拥下回了乔家堡。

自古以来，人命关天，杀人偿命。乔家虽财大势众，与官府关系密切，但也不能等闲视之，遂积极活动官府，想用银子大事化小，小事化了。

可是，事情发生在太谷县境内，案子理应属太谷县审理。虽是禁毒案，却是祁县人去太谷境内杀了人，就好像是"祁县人欺负了太谷人"，所以又引起了太谷乡绅的激愤。因祁县县衙与乔家关系不同一般，又极力想审理此案。于是经过再三周旋，省府把祁县太谷两县争夺的案子拿到了太原。

乔家在省府也能说上话，又有的是银子；而且两大票号在太原有分庄，方便快捷。省府也不能过于枉法，便来了个圆滑的解决办法应付原告和被告：

杀人者应当偿命；但被告属禁毒误伤，可罪减一等。死罪可免，活罪难饶，判若干年监禁。

省府办案的人还替乔家出了个主意：找个人顶替遮掩一下人们的耳目，反正坐牢的死罪免了，乔家的人也松了一口气，剩下的就是找一个"替罪羊"了。

乔安安坐牢

乔家堡有一个人，姓乔，小名叫安安。他家境贫寒，人也不甚争气，是一个"当财主没福，受苦没力"的人。他整天游手好闲，四体不勤，却有一副好嘴巴，好吃好说好吹牛，自诩为"君子动口不动手"，别人则称他为"安牛皮"。

常言道，勤快人有勤快人的活法儿，懒人有懒人的活法儿。乔安安听说在中堂要雇一个替洋大少顶差坐牢的人，便有了主意：和在中堂打交道的人从来没一个吃亏的，自己若能顶了这个差，好处自然少不了。再说，有钱能使鬼推磨，替洋大少坐牢和平常人坐牢肯定不同，肯定受不了罪。家里没甚顾虑，自己又好吃懒做，去坐牢等于是去享福，何乐而不为？于是，乔安安进了在中堂毛遂自荐，要替大少爷坐牢。

乔家人一听，喜出望外！顿时，长辈的称"安大哥"，晚辈的呼"安大爷"，好不敬重！当即给乔安安摆上酒席，你敬我斟，乔安安一辈子难享此福，美美地吃了一顿，狠狠地醉了一回。

于是,乔安安"走马上任"去了太原府,进了牢房。乔家人早已买通了牢头狱卒,乔安安在牢房里受不了半点罪。乔家又在一家饭馆给乔安安立了"大德通"的折子,任吃任喝!当时,"大德通"票号信誉卓著,那折子如同现在的信用卡一般,这家饭馆哪敢怠慢!专门安排一个人给牢里的乔安安送饭,点甚菜,送甚菜;要多少,给多少!乔安安胡吃海喝,连牢头狱卒也能跟他沾光,大饱口福!乔安安自鸣得意,甚人有甚福。我好吃懒做不待动,便能享这"好吃懒做不待动"的福!

几年以后,事态平息,乔安安提前出了牢房,回到了乔家堡。回村后,没有忘了以前好吃好说好吹牛的本事,向村里人津津乐道坐牢的情形,"安吹牛"的绰号便更出名了。

乔家对乔安安的恩德回报得仁至义尽:把乔家堡后街上(乔家大院北面)的一处院落给了乔安安,给他盖了五间南房,三间东房,三间西房,又给了他不少银子,够他一辈子享用了。

惊人的开销

乔映霞有事业心,在社会上积极作为,开风气之先,确也造成了一定的影响。但他在乔家的商业事务上,却难有所为。他祖父乔致庸已把乔家的买卖和各号掌柜安顿得熨熨帖帖,圆圆满满,几乎无插针之缝!乔映霞尽管有文化,有见识,也算个人才,但终究人少资浅,经商本领难以超越他的前辈。所以他在乔家商业上难以发展,而稳健运作的乔家商业暂时也不需要他。

在社会上有所作为要靠花钱,而在商业上无所作为又不能多赚钱,乔映霞便成了只会花钱不会赚钱的当家人,在乔家在中堂内部的威信自然比不了他的祖父乔致庸。而他在乔家在中堂的地位,又并不是唯一的长辈,只不过是十一个映字辈弟兄中的老大而已。他本人又出手大方,花在中堂的钱,办社会上的事。特别是禁烟人命案,因他一人而破费了在中堂的巨额银两!因此在花钱开销上他根本约束不了众多的弟兄和侄儿,被祖父乔致庸压制了多年的奢侈欲望在乔映霞当家后便爆发出来了,由乔致庸倡导的尚俭之风遂被奢侈之风所取代。

共同的钱，不花白不花，多花了占便宜，少花了吃亏。没有了强制约束，各房少家女眷竞比奢华：比吃、比穿、比车马好坏、比佣人多少……乔映霞无力控制局面，又惹出了人命官司，引得在中堂内部一片怨言。他的积极性和事业心受到了严重挫伤，再也没有效法祖父那样大展宏图、经商治家的自信心了，遂退避三舍，让老四乔映奎料理日常事务。

乔映奎主事后，积极作为，经管三十六村事务，为老百姓办了不少好事，被称为祁县四大乡绅之一，并被三十六村联名送匾致敬。但他在乔家大院里却回天无力，也因"花在中堂的钱，办社会上的事"而招来家人的不少微词。

于是，乔家的奢侈之风与日俱增！在中堂男女老少四五十个主人，而各类佣人多达一百五六十个！更为惊人的是，在中堂一年的开销竟高达现洋二十多万元之巨！

乔家后人就这样以无以复加的奢侈，肆意挥霍着乔家前辈人积累下来的财富……

盛大的筵席

乔家从身为孤儿光棍的始祖乔贵发开始,历经四代,为后人积攒下雄厚的资财,使他们可以享尽荣华富贵。

乔家的前辈人挣钱挣得磊落大气,后人花钱也花得潇洒风光。

每逢红白喜事,在中堂的筵席十分排场,人们若去吃一回乔家的筵席,恐怕一辈子也忘不了。

"八碗八碟"在祁县已算上等席面,但在乔家就不行了,要上三台。何为三台?据说,除了"八碗八碟"之外,还有点心、水果、三炒三烩……共有一百二十四种食品!这一百二十四种(碟)食品分为三台,分别由鸡、鸭、猪仔各统帅一台,所以称为三台。

普通筵席吃这"三台",遇有重要人物光临则要吃"官席"。官席和三台一样,数量也是共一百二十四件(碟)。但质量档次更高,碟子摆放也要十分讲究,每桌菜品必须摆成吉祥的字形,并切合坐席者的身份。如:

新郎新娘坐的桌子,一百二十四件菜肴要摆成"龙凤呈祥"字样。

男方迎娶新娘的吃客坐的桌子,一百二十四件菜肴要摆成"一品当朝"字样。

女方陪女送嫁的送客坐的桌子,一百二十四件菜肴要摆成"得胜回朝"字样。

若是宴请女婿的桌子,这一百二十四件菜肴则要摆成"状元及第"字样。

乔家办事排筵极尽豪华气派,在民间可谓登峰造极!

擦尖[①]师傅

在中堂花钱大方，办事讲究，雇用各种人也相当挑剔：贴身佣人要长得顺眼，脑子灵活，手脚灵敏，口齿伶俐；奶妈要身体健康，眉眼顺溜，还要看奶妈的娃娃是否壮实；喂牲口的要有丰富的经验，熟悉骡马习性。再如轿夫、木匠、厨师……都是百里挑一，都得有一手拿人的绝活！平平庸庸，没有一技之长的人，一般进不了乔家大院。

据说，在中堂的大灶上用了一个新伙计，相貌平常，去不了正经位置，干不了正经活儿，整日只能干些捣炭、烧火、掏灰渣、择菜、洗菜等下活儿。这大灶本来是给牛房、马夫、打更等佣人设的灶，厨师自然是差了些。可就这，也都是有一手的。这个人没有"一手"，就只能干些下等灶里的下等活儿。大灶上的人们交头接耳：是谁让这个人进来的？没甚看家的本事也能进了在中堂？

一天，大灶上准备牛房、马夫等佣人的晚饭，面案师傅想偷懒，便吩咐正在择菜的新伙计："喂！伙计，和上一块荍子面替我擦擦尖吧！"

这个新伙计，和好了面，便架起礤子擦了起来。那个面案师傅则坐在一旁抽烟看着他。擦够一锅后，新伙计用筷子搅一搅，等煮熟再捞。一会儿，煮熟了，该拿笊篱捞了。可是，这个新伙计却用筷子挑！好像锅里煮的不是擦尖而是拉面一样。

"啊！"面案师傅奇怪了：荍子面没白面精，擦擦尖，一般不过三五厘米长，哪能用筷子挑住！他站起来去看个究竟。原来，这新伙计擦的擦尖非同一般，足有二十厘米长。面案师傅暗暗吃惊：这新伙计看来还真有一手！是手上的功夫，还是和的面不一样？

后来，面案师傅进一步探其究竟：他让另一个伙计和了荍子面，再让这个新伙计擦擦尖。结果，还是擦得那么长。面案师傅这才知道新伙计手上有擦擦尖的特殊功夫。于是大灶上的人们不敢再小看他了，因为这新伙计和他们一样，也有拿人之处。这些人也改变了态度："看来没一手还就是进不了在中堂；能进来的都有一手！"

以后，大灶上安排吃擦尖时，便是这位新伙计上手，他成了在中堂大灶上的"擦尖师傅"。

注释

①擦尖，山西的一种面食。

新一代的时髦阔少

民国十八年（1929年），在天津南开大学经济专业就读多年的乔健学业圆满，回到了祁县乔家堡。乔健是乔映霞的长子，秉承其父亲的性格，又在繁华开放的天津卫生活多年，所以他既有很强的事业心，又有经济头脑，还是一个风流时髦的阔少爷。

回到乔家堡，当他住在高墙壁垒的乔家大院时，既感叹祖辈的商业成就，又不习惯封闭的大院内森严而压抑的气氛，所以他经常跑出院外游玩，给村里人留下了时髦阔少的印象。

乔映霞本来已是很时髦的人，但终究受祖父的家教影响很深，封建意识很浓，属于新旧阶段过渡的人。但他的儿子乔健却完全是新式人物：既有干事业的雄心，又会享受生活。

这位阔少穿戴时髦，举止更潇洒。他喜欢打篮球，曾是南开大学的篮球队队员。这时候祁县一带哪有篮球？但这位阔少不是有什么玩什么，而是想玩什么便有什么！村里没有篮球场，他便在村里修建一个！他把这项新式体育运动，引进了乔家堡。他还喜欢溜冰，便把村西的一块田地修整成平地，让佣人扳辘轳绞水灌这个场地，开辟为溜冰场。

每日清早，乔健带一个佣人便走出在中堂，佣人背着一个行囊，装着乔健的各种用具。去村西的溜冰场，乔健换上滑冰鞋和滑冰装，便潇洒地溜起冰来。佣人则在一旁等候。

等过足了溜冰瘾，他便脱下溜冰鞋和溜冰装，换上一身猎装，扛一杆猎枪去打猎。佣人再身背行囊跟上他。乔健枪法颇准，尽管乔家堡是平川，没有什么大野物，但野兔却是有的。他打一次，总能打上七八只兔子。打猎回来，或让厨师做个野味吃稀罕，或赏给佣人，随兴而已。

乔健还喜欢打网球。据说，他曾在在中堂东面的花园里（现在的乔家堡村篮球场、停车场），修了一个相当高级的网球场！如果是这样，则更是开祁县风气之先河了。

在中堂分家析产

当初,在中堂和宁守堂财势赫赫。由于宁守堂人丁兴旺,导致家产一分再分,所以难以集中财力进行投资,大大削弱了财势;而在中堂却因乔致庸是独子继承家产,又因他享年九十余岁,家产始终没有分开,所以在关键时刻能集中财力进行投资,因而在商业上远远超过了二门宁守堂。这种大家族生活,使在中堂获益匪浅。

但是,事物利害相连。乔致庸当家时,由于他雄才大略,又是一家之长,所以这种大家族的优势能充分发挥出来,而其弊端也能有效地抑制下去。他一死,家产落入长孙乔映霞手里时,因他的能力远远不及祖父,辈分上又并无优势,所以使大家族的优势难以发挥,而弊端却充分暴露了出来。

在是否维持这个大家庭局面的问题上,乔家内部早已出现了严重分歧。大少乔映霞作为当家人,作为乔致庸的接班人,他自然不忍心把祖父留下的偌大基业在他手中瓜分。

但那些不愿意受他管制的人却极力主张分家。比如十少乔映南,他是乔致庸六子乔景僖的独子,从小受乔致庸溺爱,花钱如流水,难免受到当家人乔映霞或其他弟兄的非议,他就主张分家。若分家,作为乔景僖的独子,他可以继承乔家六分之一的家产,比现在的十分之一几乎多一倍,而且还可以免受他人控制或非议。

而乔致庸三子乔景俨的五个儿子就未必愿意分:不分家,他们在家产中各占十分之一,与其他叔伯兄弟平等;若分家则每人只能得六分之一里的五分之一,即三十分之一!也就是说他们每人所得的财产仅相当于其他叔伯弟兄的五分之一。

在分与不分的两种势力相持了多年之后,"时髦阔少"乔健回到乔家堡,促成了在中堂最终分家析产。

从家族利益考虑,自从乔致庸死后,在中堂人心涣散,没了主心骨,没了凝聚力,人人争着多花钱,多享受,而不是为家族的利益着想。长此以往,只能坐吃山空。与其大家伙儿坐吃山空,倒不如早分了家,各自筹划,各奔前程的好。再说,共同的钱,人人不心疼;分给了自己,他们各自就要掂量着花。分久必合,合久必分,这也是大自然的一条规律。

从个人利益考虑,乔健的父亲乔映霞过继给乔致庸的长子乔景岱,若分家也可得六分之一,比现在享受的几乎要多一倍。

所以,乔健积极劝说父亲乔映霞分家。他陈述利害得失,终于说动了乔映霞。此时,乔映霞几经挫折,早已没了振兴在中堂的雄心,而且兄弟中谁也无力回天。他想让儿子做主,所以他也只好同意分家。

排行老大的乔映霞同意分家,使主张分家的势力占了上风。民国十九年(1930年),维持了一百多年的大家庭在中堂终于开始分家析产:

因乔致庸和乔致广没有分过家,所以第一步先是一分为二股。

因乔致庸有六个儿子,其中乔景岱、乔景仪、乔景侃三个过继给了乔致广,所以,第二步是两股各分为三。实际上,把在中堂分成了平等的六股。

第三步,乔映霞过继给乔景岱,独得六分之一;乔映璜是乔景仪之子,也独得六分之一;乔映辉是乔景侃独子,也独得六分之一;乔映霄是乔景俌独子,也独得六分之一;乔映南是乔景僖独子,也独得六分之一。

另外,照顾到乔景俨一支人口较多,他们的房子、家具平均分配,谁占用的仍属谁所有。

……

由于这次分家，在中堂实际上已不可能再集中巨大财力，用东家的力量去推动、发展乔家的商业了。此时乔家商业的维持和发展，只能靠乔致庸任用起来的那一批精明能干而忠心耿耿的掌柜了。

在中堂买回一辆汽车

民国十九年（1930年），在中堂分家不久，分得六分之一财产的"映"字辈老六乔映璜从天津买回了一辆黑色轿车，并带回了一个开车师傅，又为祁县添了个西洋景。

乔映璜会享受，好出风头，被人起了个"六捣鬼"的绰号。他坐上汽车上祁县县城，所到之处，路人无不刮目相看。谁曾见过这个屁股冒烟的神奇怪物，因此纷纷观赏。"六捣鬼"觉得自己十分体面风光，所以，不管有事没事，常要坐上车去祁县转一圈，风光一番。不过有时候这个神奇的怪物又蔫得不如老牛了——当时的路面是土质的，又多是木轮子车行走，车辙深，坑洼不平。这天正好是雨后行车，于是，"六捣鬼"的汽车陷入车辙的泥泞中不能自拔了，他只得请村里人套上牛往出拉。于是，这位赶牛的人留下自鸣得意的话把儿："我这牛不好，可没用过那汽车拉；他那汽车倒好，可还得用我的牛拉它呢！"

开车师傅脸膛黝黑，与轿车的色调十分和谐，被在中堂的人戏称为"黑神"。于是，在中堂的人常把神鬼二字连成一句话:"黑神"又拉上"六捣鬼"去县城了。

据说,这是山西省的第一部轿车。

磕一头，免了两万八的债

民国二十五年（1936年），乔家在中堂做了一件震动包头的大事：包头著名的双发公字号因还不起乔家复盛全五万六千元现洋的债务，东家杨老五的儿子回乔家堡给"映"字辈东家们磕一头，就免了一半的债——两万八千块现洋（折合现在的人民币一百五十多万元）！

原来，包头著名的"双"字号是太谷旅蒙商杨有能和两个儿子杨四店、杨老五创办的，他们于光绪二十六年（1900年）来包头创业，先后开设了双发公绒毛店、双盛仁驼庄、双盛祥珠宝玉器百货铺、双盛德靴铺、双盛裕庄口、双盛茂茶庄、双顺成、双顺和、双顺恒等十大"双"字号。经他们苦心经营，这些"双"字号虽不能与乔家的"复"字号相提并论，却也颇有些规模，在包头商界占有一席之地。乔家是祁县人，杨家是太谷人，又都是财力雄厚的大字号，所以，"双"字号与"复"字号素有来往，也算是"复"字号的老相与。

但自从杨老五死后，"双"字号后继乏人，又遇时局多变,导致了连年亏赔、负债经营的局面,借贷乔家复盛全钱庄的债务累计达到五万六千块现洋!到民国二十五年(1936年)时,"双"字号仍是回天乏力,资不抵债。但借债还钱,天经地义,哪有不还的道理!复盛全要向法院起诉"双"字号。

万般无奈,"双"字号东家杨老五的儿子来到山西祁县乔家堡向乔东家哀求。此时,在中堂已分了家,但对外商务还得靠乔映霞点头主事。乔映霞听了杨老五儿子的陈述后,问:"你还不起五万六,你能还起多少?"当得知"双"字号资产折价后可以还一半时,乔映霞考虑他的还债能力,又念及过去交往的情分,便说:"那给你免上一半,行了吧!"一听这话,杨老五的儿子千恩万谢,磕头如捣蒜一般。此时乔映霞虽管事,却已不是唯一当家人,所以又让杨老五的儿子给在中堂"映"字辈的所有弟兄每人磕了一头,这才形成了统一意见:给"双"字号免了两万八千块现洋的债。

杨老五儿子奔回包头,复盛全钱庄的掌柜们见了东家的手谕,自然无话,便拿出账簿把"双"字号的五万六千块现洋的债抹去了一半。

乔家此举,再次震动了包头商界。

人们说:磕一头,免了两万八!

啊哟哟，乔家真厚道呢！

啊哟哟，乔东家真大方呢！

啊哟哟，"复"字号真义气呢！

飞机在乔家大院上空盘旋

民国二十六年（1937年）秋，乔家上空飞来了一架飞机。

飞机在上空盘旋着下降，愈来愈大，轰鸣声愈来愈响。当时，刚发生了七七事变，日本人气势正盛，人们都以为是日本人的飞机来了，惶恐不安。

直到飞机下降到离地面很近时，人们才看清了机身上的青天白日旗，方知是国民政府的飞机，放下心来，也敢出来观赏这个稀罕的庞然大物了。

飞机飞得低低的，开始在乔家"在中堂"大院上空来回盘旋。乔家的人发现飞机老在自家房顶上空转圈子，觉得奇怪："飞机为甚老在咱家房顶上空转？这是谁开的飞机？"

"啊哟，可能是倜儿开的飞机！"不知谁说了一句，众人才恍然大悟："是倜儿！""是倜哥！"原来，倜儿大名叫乔倜，是乔致庸的第九个孙子乔映庚的儿子。乔映庚在乔家堡被人称为"九少"，是十一个映字辈弟兄中唯一习武练功的人。他从小跟着太谷人"常有师傅"练武，有着深厚的形意拳功底，在乔家堡乃至祁县都颇有英名。乔倜可能是从父亲身上继承了一些尚武精神，这位巨商家族的后裔在天津中学毕业后，正值九一八事变，中日关系紧张，形势严峻，国民的抗日热情日益高涨，所以他积极报考了国民政府的航空学校，学习飞机驾驶。

乔家人醒悟过来，纷纷登上房顶，向飞机招手。此时，乔倜驾驶着飞机在乔家大院上空已盘旋多时，看到房顶上有了人，便让飞机的翅膀来回摆动致意。爬上房顶的都是几个年轻人，高声叫喊："倜哥！倜哥！"飞机始终没有降落，盘旋了一阵后，终于飞走了。

事后人们才知道，乔倜当时在山西执行任务，那次来是乔倜上阵前向自己的家人告别，向生他养他的"在中堂"大院告别。

可惜，那次告别竟成了永别！在不久之后发生的上海中日淞沪会战中，他的飞机受了伤。他不是设法逃生，而是以非凡的勇气和精湛的技术，驾驶着已经受伤的飞机撞向一艘敌机，与敌人同归于尽了。

这位乔家的后人成了永远的抗日英雄，也从另一方面为乔家这样的巨商家族增添了光彩。

秦家抽去了最后的一点股子

日本人刚刚占领了包头不久，有一个秦家的后人来到复盛公字号。他说秦家在复盛公还有股子，要求清算。

此时，复盛公大掌柜是马公甫，他也听说过乔、秦两家的事。但早在他掌管复盛公之前，秦家就与复盛公没联系了。他掌管复盛公之后，账面上也没有秦家的股子。所以，在他的印象中，秦家早把复盛公里的股子抽完了。但这位秦家后人坚持说："我听上辈老人说，复盛公里还有我家的股子。"

说没有股子，没证据；说有股子，也没证据。只有查老账了。入股子该有记载，抽股子也该有记载。但此时复盛公已有一百三十多年的历史，再上推到它的前身广盛公则有一百八十多年的历史！这一百八十多年的老账堆满了整整五间房子！查老账底子，如大海捞针，谈何容易呀！

此时，因秦家没证据，复盛公可以不理会这个秦家后人的碴儿。但大掌柜考虑复盛公信义誉满包头，乔东家的厚道誉满包头，于是，便决定让管账的开始查账。四五个人翻腾了几十天，终于查出了老账底子：秦家在复盛公还有一厘二五的股子，已经有四五十年没有分利了。

管账的禀报给大掌柜马公甫。马公甫说："复盛公的信誉不能丢。乔东家的厚道名分不能丢。算吧！该多少，就补给人家多少！"于是，将历年的分红、滚存利息，一一结算出来，付给秦家后人。

这次清算，秦家共得了八百元现钱（相当于八百两银子）和成百匹布料、绸缎。

秦家后人分得这些东西后，摆在包头大街上拍卖了好几天，全部变换成了现钱。这次拍卖预示了秦家的彻底衰落。同时，也是给乔家和复盛公做了一次极好的宣传。

秦家人得到这笔清算款后，在包头大肆挥霍，仅仅两个多月就把所有钱款差不多花完了！

从此以后，由一百八十年前乔、秦二位先祖共同创办的广盛公字号和由它改组的复盛公字号，再也没有一点秦家的份儿了。

"复"字号过年

乔家在包头以复盛公为首的十几家"复"字商号虽分散经营,却也有统一的号规。比如,回家探亲,都是三年一次;号里伙食,也都是一个标准。因伙计们三年才能探一次家,所以对他们的生活照顾得十分周到。特别是过年,更是安排得细致入微,好吃好喝,比在家里还舒服。

据在复盛公当铺当过伙计的人说,当时铺子里有二三十个人,每年过年要吃几十只羊,一百多只鸡,数不清的黄河鲤鱼和猪肉。

平时,顶五厘以上生意的掌柜与普通伙计们是要分灶吃饭的。过年时,掌柜则与伙计们同享同乐,同桌吃饭。

正月初一至初三和正月十四至十六,这六天,每日是八碗八碟,肉馅饺子,喝酒管够。除了这六天,虽没了八碗八碟和肉馅饺子,却也是顿顿有肉,一直到出了正月止。

官吃商、兵克商、乱扰商

就在乔家在中堂分家析产失去进一步发展的实力时,又正赶上辛亥革命以来的非常时期:军阀混战不止,社会动荡不安……内外交困,给乔家的商业带来了极为不利的影响。

乔家的商业和票号遍布大半个中国,在那"城头变幻大王旗"的时代,一拨部队来了,要一些钱粮做兵饷官饷;又一拨部队来了,又要一些钱粮做兵饷……无休无止。要钱要粮不断,普通商家哪里能受得住这样繁重的税赋摊派?哪里能经得住如此轮番不已的榨取?中国的一大批民族商业纷纷倒闭关门了。乔家的商业资本雄厚,信誉卓著,掌柜们精明能干,虽是经受住了这些掠夺、骚扰,却也元气大伤,仅能维持而已。

据说,当时由于各种部队向商家摊派垫支钱款数额巨大,使得包头市面上几乎没有现洋可做交换了!以复字号为首的商会只得发行"金融券"代为周转!

另外,以四大家族为代表的官僚资本凭借特权经商,外国资本也凭借特权和雄厚的资金侵袭而来,都给民族商业以沉重打击。乔家这样的民族商业能够在动荡中生存下来已实属不易了!

　　七七事变后,乔家的商业几乎都在敌占区,损失更为惨重,几乎是奄奄一息了!

百川归海

乔家商业在经受了抗战的煎熬之后,又经历了艰苦卓绝的国内解放战争的战火……乔家商业以其顽强的生命力总算迎来了1949年中华人民共和国成立!

但是,在饱受了辛亥革命以来的军阀混战、社会动荡、官吃兵抢、土匪骚扰、中日战争、官僚资本欺压、外国资本侵袭等灾难之后,乔家商业和其他民族商业一样,几乎走到了生命的尽头,再也没有重整旗鼓的能力了。

中华人民共和国成立后,维持了二百多年的庞大的乔家商业,于1951年至1953年之间,全部都归属了社会主义新中国,加入了公有制的行列!

像伟大的黄河经过九十九道的弯曲终于奔流到大海得到永生一样,乔家这样的巨商豪富总算没有在近代中国的种种灾难中夭亡,而是顽强地生存到了中华人民共和国成立,并融汇进了社会主义公有制的大海。从这个意义上说,乔家商业的归公和黄河的入海一样,是消亡,也是永生……

附：在中堂世系表

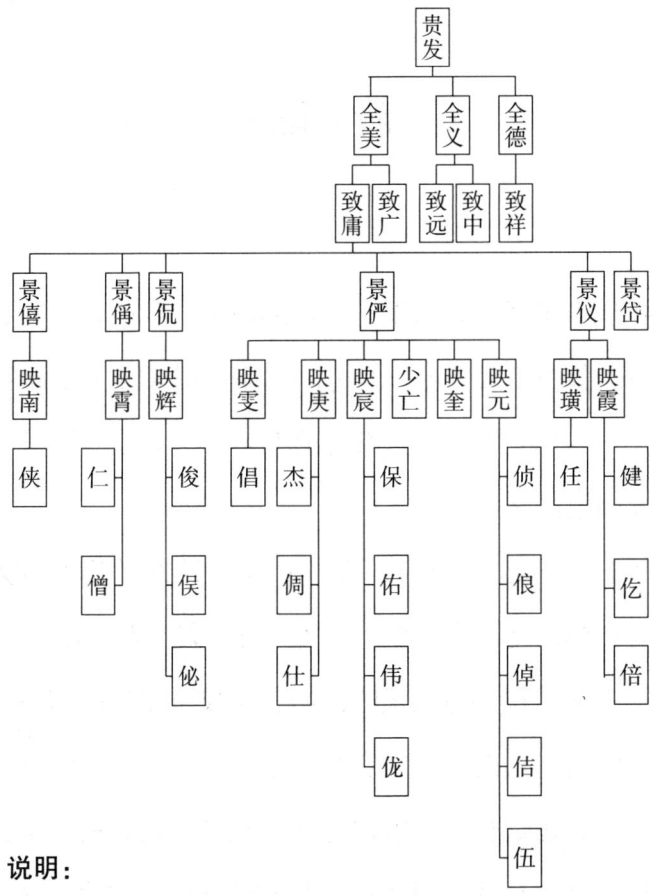

说明：

"全"字辈排行为：①全德②全义③全美。

"致"字辈排行为：①致祥②致中③致远④致广⑤致庸。

"景"字辈排行为：①景岱②景仪③景俨④景侃⑤景偶⑥景僖。

"映"字辈排行为：①映霞②映元③映霄④映奎⑤映辉⑥映璜⑦少亡⑧映宸⑨映庚⑩映南⑪映雯

"人"字辈排行为：①侦②健③俊④俍⑤保⑥侠⑦杰⑧任⑨仁⑩倜⑪侯⑫佑⑬倬⑭仡⑮仕⑯佶⑰佀⑱伟⑲伍⑳倡㉑倍㉒伉㉓僧

后 记

我从小生活在乔家堡。乔家的故事,我听过许多;乔家大院,我也多次去过。但是,"不识庐山真面目,只缘身在此山中"。尽管我对乔家的历史、传说耳闻目睹了许多,但仅此而已。

随着自己走出乔家堡,走出祁县;又随着年龄的增长,知识的增加,阅历的广博,再回头看乔家,不觉大吃一惊:原来,乔家不仅是乔家堡的富户,不仅是祁县的富户,甚至也不仅是山西的富户,它在整个中国豪门富贾的行列中都占有一席之地!而乔家祖先从孤儿到富翁,何等富有人生价值的魅力!从一般商业又发展到票号金融业,又何等富有中国民族商业典型的魅力!"先有复盛公,后有包头城"的民谚,更具有多重的商家魅力……

我是从事文字工作的,对如此有魅力的商贾不向世人做一番介绍,岂不既愧对自己的职业,又愧对自己的家乡!于是我开始了较全面的采访和搜集。先后访问了乔家堡的乔晋彬、王存直、刘杰、吴玉树、阎培义等老人,得到了许多生动的传说故事素材；先后参阅了《山西文史资料》《祁县文史资料》《包头史料荟萃》《包头工商史料》《东河文史》(今日包头东河区即旧日的包头)等史籍，了解了许多重大事件及背景资料；又参阅了胡育先、武殿琦先生编著的《乔在中堂简介》一书……我搜寻这一具有二百年历史的商业巨族的发展脉络，溯其源头，经过一番文字整理，形成了这本小册子。

所以，本书虽成笔者一人之手，实赖于众人之力。在此，谨向所有关于乔家故事的讲述者、著述者表示深深的谢意！特别是对宣传的先行者，早在20世纪60年代就在《山西文史资料》上宣传介绍乔家的刘静山先生，表示深深的敬意！

最后，因乔家商业历史时间跨越二百余年，空间跨越大半个中国，又缺乏可靠的文字记载，所以，书中可能有不妥、疏漏之处，恳请得到读者的批评指正。